KB197395

리더들을 위한 통찰

넓은 세상을 바로 보는 리더십

GREAT LEADER'S

INSIGHTS
리더들을 위한 통찰

for

STRONG ORGANIZATIONAL
P O W E R

넓은 세상을 바로 보는 리더십

정우철 지음

EDEN
HOUSE

차례

프롤로그   — 006

| 1부 |

 ## 조직의 힘은 어디에서 오는가

강국의 조건   — 012
허황된 꿈의 숨은 뜻   — 022
결국 사람이 답이다   — 026
리더의 자격   — 034
한 걸음 물러설 줄 아는 여유   — 040
노블레스 오블리주와 행복의 상관관계   — 051

| 2부 |

 ## 경제 속 경제

우리는 어떤 세상에서 살고 있나?   — 066
기후 위기는 곧 세계 경제 위기   — 072
갈수록 심화되는 무역 의존도   — 085
무한 경쟁 시대   — 090
청년 실업이 시사하는 의미   — 095
돈의 가치는 변한다   — 101
금이 인류의 사랑을 받아 온 이유   — 108
부의 대물림   — 115
중소기업이 잘돼야 나라가 산다   — 122

| 3부 |

올바른 투자를 위한 자세

반발할 것인가 반응할 것인가   — 130

방향성에 투자하라   — 136

귀보다는 눈으로   — 146

투자와 투기를 구분하라   — 153

주식 투자, 꼭 해야 할까?   — 158

쉽게 돈 버는 법   — 165

| 4부 |

대한민국 힘의 원천

한강의 기적을 만든 건설업   — 174

철이 경제에 미치는 영향   — 183

산업 이상의 산업, 반도체   — 191

빠르게 변화하는 제조업   — 202

세계 1위부터 3위까지 글로벌 독주 산업   — 210

불효자에서 효자로   — 218

날개 단 항공업   — 225

글로벌 경기 지표를 알 수 있는 해운업   — 231

프롤로그

세상은 다양한 기준으로 서열을 세운다. 학생 때는 성적순으로, 직장에서는 인사 고과에 따라 나누어진다. 국가와 기업도 마찬가지이다. 경제나 복지 수준으로, 선진국 또는 후진국으로, 기업의 경우에는 매출이나 이익으로 순위를 정한다. 이러한 순위는 영원하지 않다. 선진국이었던 국가가 후진국으로 변신한 경우도 많고, 세계를 주름잡던 글로벌 기업이 불과 몇 년 만에 사라진 경우도 많다. 한때 최고의 글로벌 기업이었던 모토로라와 노키아는 높은 점유율과 풍부한 자금력에 기술력까지 부족한 것이 없는 기업이었으나 지금은 대중에게서 사라졌다. 기업뿐만이 아니다. 고대로 보면 그리스와 로마 제국이 사라졌고, 근대에 와서는 부유했던 국가가 나락으로 떨어진 경우도 많다. 최근에는 유럽 국가들의 경쟁력이 급하락하고 있다. 무엇이든 영원할 수는 없다. 기업도 국가도 크게 번성할 때도 있고, 쇠퇴할 때도 있다.

그렇다면 어떤 이유로 선진국이 되었고, 후진국이 되었을까? 국가의 지리적 위치, 민족성, 기후 등 여러 가지 이유를 말할 수 있을 것이다. 성공하는 기업과 실패하는 기업은 어떻게 설명할 수 있을까? 같은 민족, 같은 사회, 비슷한 학벌과 능력 심지어 초기 자본금과 주력 사업조차 비슷한 수준에서 창업을 했음에도 불구하고 분명히 성공하는 기업과 실패하는 기업이 생긴다. 필자는 많은 기업의 경영진을 만나면서 국가든 기업이든 보이는 것보다 보이지 않는 것에서 더 큰 성공의 원인을 찾을 수 있었다. 눈에 보이는 것은 원인을 바로 알 수가 있기 때문에 수정하거나 방향을 새로 잡을 수 있기 때문이다.

그럼 그 보이지 않는 경쟁력은 무엇일까? 그것은 리더의 역량이다. 운칠기삼運七技三이라는 말도 있지만 운조차도 리더의 역량에서 나온다. 우리는 언론을 통해 글로벌 기업의 CEO 연봉에 대해서 들을 때가 있다. 그들의 연봉은 수백억 원을 넘어 성과급까지 합해서 수천억 원에 달하는 경우도 있다. "도대체 어떤 일을 얼마나 하길래?"라고 반문하는 사람도 있을 것이다. 그들이 어마어마한 연봉을 받는 이유는 간단하다. 아무리 큰 조직이라도 리더에 의해서 기업의 흥망이 결정될 수 있기 때문이다. 즉 리더의 생각과 철학이 조직의 방향성을 결정짓는다.

당연히 국가도 마찬가지이다. 아무리 풍부한 지하자원과 관광자원을 보유하고 있어도 부가 가치는 결국 사람에 의해 창출된다. 또한 선진국이라고 해서 지하자원이 풍부하고 지리적으로 좋은 위치에 있는 것이 아니다. 결국 이러한 모든 것의 핵심은 리더이다. 국가를 운용하는 정치인은 고도의 전문직이며, 국가의 운명을 결정짓는 매우 중요한 자리이다. 정치인 한 명의 판단에 의해 국가가 성할 수도 있고, 전쟁 등으로 수많은 국민들이 고통 속으로 빠질 수도 있다. 역사적으로 봐도 자연재해로 한 국가가 망하고 사라지는 경우는 없었다. 하지만 나라의 최고 리더의 판단에 따라 세상이 바뀌기도 한다.

이러한 관점에서 성공적인 조직을 위해 리더들이 고민하고 알아야 할 인사이트에 대해서 적었다. 앞에서 언급했듯이 국가도 기업도 성공하기 위해서는 보이지 않는 무형의 경쟁력이 중요하다고 했다. 다소 진부해 보이지만 조직의 신뢰, 혁신, 열정과 같은 무형의 경쟁력들이 승패의 결정적인 이유가 될 수 있다. 특히 이러한 것들은 자본으로 단기간에 해결할 수 없고, 리더가 만들어가는 것이다. 강한 조직을 위한 리더는 공정해야 하고 불평등을 줄여야 한다. 그렇지 않으면 조직은 분노와 불만이 쌓이기 마련이고, 조직 내 신뢰가 깨진다. 신뢰가 없다면 존경받기 어렵고 그저 돈만 많은 졸부에 지나지 않을 것이며, 결국 그러한 부는 유지될 수 없다.

또한 원하는 위치에 도달하게 되면 그다음부터는 혁신이 있어야 한다. 혁신이 없으면 국가도 기업도 경쟁력을 유지할 수 없다. 성공한 국가도 기업도 혁신은 필수 조건이다. 이를 실현하지 못하면 지속 가능한 성장이 어렵고, 어렵게 올라선 위치도 유지하기 어려워진다. 국가도 마찬가지이다. 정부를 운용하는 정치인들은 끊임없이 현실에 맞는 법을 수정하고 만드는 과정을 통해 국가에 전반적인 혁신과 성장을 이끌어 낼 수 있다. 앞에서 언급한 신뢰, 혁신 등을 리더가 혼자 해야 한다는 것이 아니다. 리더는 혁신적

인 생각이나 아이디어를 내는 사람이 아니기 때문이다. 리더는
조직원이 스스로 고민하고 창의적인 사고를 할 수 있도록 환경을
만드는 사람이다. 성공한 조직에는 반드시 훌륭한 리더가 있다.
결국 사람이 답이다.

2024년 12월
정우철

GREAT LEADER'S INSIGHTS

| 1부 |

INSIGHTS

조직의 힘은
어디에서 오는가

강국의 조건

선진국과 후진국을 구분하는 기준은 무엇일까? 경제적 관점이라면 한 나라의 1인당 GDP(국내 총생산)로 경제 성장률의 잣대를 꺼낼 것이고, 사회적 관점으로 구분하자면 국민들의 질서 의식, 평균 수명, 사회 안전망이 척도가 될 것이다. 만일 국민의 행복을 최고의 가치로 바라본다면 국가별 행복 지수 정도가 기준이 될 수 있겠다. 그런데 이러한 조건 말고도 중요한 기준이 있다. 바로 '사회적 신뢰도'이다. 필자는 몇 해 전 흥미로운 경험을 했다. 크리스마스 아침에 가까운 해외에서 서울로 오는 비행기에 탑승했었다. 그런데 비행기가 이륙 후 30분가량 지나 회항하는 일이 발생했다. 항공기 결함이 의심되었기 때문이었다. 다행히 항공사 측에서는 다른 비행 편을 제공했고, 그날 저녁 늦게나마 서울로 돌아올 수 있었다. 그러다 보니 승객들은 하루를 꼬박 공항 대합실에서 보내게 되었고, 크리스마스 일정에 차질이 생긴 것은 당연했다. 필자 역시 당일 저녁에 예매해 놓은 공연을 보지 못했다.

대략 승객의 반은 한국으로 가는 외국인이었다. 그런데 공항 대합실에서 시간을 보내면서 관찰한 승객들의 행동은 너무나 달랐다. 예상치 못한 회항으로 승객들의 불만과 분노는 당연했고, 기다리는 동안 항공사에 수시로 일정 등을 확인하는 것도 이해할 수 있는 일이다. 그러나 일부 승객들은 그냥 앉아서 차분히 항공사의 처리를 기다리는 것이었다. 모여서 웅성대거나 불만을 표출하는 이도 거의 없었다. 이처럼 승객들의 반응이 달랐던 이유는 무엇일까? 문화적 차이나 민족성이 달라서일 수도 있고, 항공기 문화가 긴 외국에 살면서 비행기 회항을 많이 겪어 봤기 때문에 대수롭지 않게 느꼈을 수도 있을 것이다.

　돌아오는 비행 편에 우연히 옆에 앉은 승객과 이번 회항 건에 대해 이야기를 할 기회가 생겼다. 필자는 그에게 "우리가 운이 없었다"라고 말을 건넸다. 그런데 옆자리 승객은 "오히려 잘된 일이다"라고 대답하는 것이 아닌가. 본인도 불편함을 겪은 것이 사실이지만 만약 회항하지 않았더라면 큰 위험에 노출될 뻔했다는 것이다. 그 승객은 항공사를 신뢰하고 있었으며 항공사가 신속하게 잘 처리했다고 믿고 있었다. 결국 대합실에서 승객들 간의 다른 반응은 바로 '신뢰의 차이'에서 비롯되었던 것이다. 분노했던 승객은 비행기의 회항을 항공사 직원들의 실수로 보았다. 항공사 직원들이 열심히 일을 안 했기 때문에 피해를 본다고 생각한 것이다. 그러니 당연히 억울하고 화가 날 수밖에 없다. 하지만 그렇지 않은 승객들은 항공사가 최선을 다했는데 어쩔 수 없이 천지지변과 같은 일이 발생했으며, 항공사가 혹시 모를 불상사를 미연에 잘 방지해 주었다고 믿었다.

이세는 오래된 이야기이지만 2008년 설날 마지막 연휴에 일어났던 숭례문 화재도 결국 신뢰 때문에 발생한 사건이다. 화재를 낸 사람은 정부로부터 여러 차례 토지 보상을 요구했으나, 이를 들어주지 않자 화재를 냈다. 만약 정부에 대한 신뢰가 있었다면 화재는 나지 않았을 것이다. 이 사람은 정부를 신뢰하지 않았으며, 정부가 최선을 다하지 않았다고 생각했기 때문에 억울해하고 분노했다. 우리나라에서 시민 단체나 노조 등 각종 단체들의 시위가 많이 일어나는 것은 결국 그만큼 서로 신뢰가 낮기 때문이다. 우리의 신뢰 수준은 어느 정도일까? 영국의 싱크탱크인 레가툼연구소Legatum Institute는 매년 국가별 번영 지수를 발표하고 있다. 국가별 번영 지수는 167개국을 대상으로 경제, 기업 환경, 국가 경영, 교육, 보건, 사회적 자본 등 다양한 지표를 평가하는데 한국경제연구원이 분석한 2023년 레가툼연구소 번영 지수에 따르면 우리나라는 종합 29위였다. 그러나 개인과 사회의 신뢰를 평가하는 사회적 자본 지수는 107위였다. 우리나라의 사회적 자본이 유독 순위가 낮은 것은 경제적 수준에 비해서 사회적 신뢰가 낮다는 사실을 입증한다.

신뢰는 사회적 자본
—

경제적으로 풍요로운 국가, 또는 행복한 국가를 평가하는 데 있어서 사회적 신뢰는 어떠한 지표보다 중요하고 필수적인 요소이다. 많은 나라들이 높은 경제 성장을 이루고도 진정한 선진국으로 가지 못하는 것은 그에 걸맞은 사회적 신뢰 형성을 하지 못했기 때문이다. 그만큼 사회의 신뢰 형성은 경제적인 부를 늘리는 것보다 어려울 수 있다. 경제 성장보다 국가 구성원 간의 신뢰가 우선되어야 함을 강조하지만 신뢰가 높은 사회의 가장 큰 소득은 아이러니하게도 경제적 이득이다. 개인 간의 거래, 기업의 투자, 정부의 정책 등 모든 것이 신뢰를 기반으로 하면 비용이 적게 들고 효율성이 높아진다. 그러나 신뢰나 낮으면 서로 믿지 못하기 때문에 모든 거래가 복잡해지고, 여기에 따른 막대한 비용이 발생한다. 신뢰가 사회적 비용을 크게 줄여 주기 때문이다.

세계은행보고서는 사회적 신뢰도가 10% 상승할 때 경제 성장률은 0.8% 증가함을 지적했다. 스탠포드 대학의 정치경제학 교수 프랜시스 후쿠야마Francis Fukuyama 또한 "저신뢰 사회가 치러야 할 비용은 고신뢰 사회 대비 상상할 수 없을 만큼 크다"라고 말한다. 신뢰가 사라진 사회는 사회적 갈등이 증가하고 기업 및 정부의 불신으로 사회적 비용이 증가한다. 시청 앞 촛불 시위, 기업 노조의 파업 등도 결국 신뢰 부족으로 발생하는 비용이다. 정부와 기업 그리고 국민이 상호 신뢰를 얻는다면 완전히 차원이 다른 경쟁력이 나올 것이다. 업무 중복, 관료주의, 무능한 정치, 거짓말 같은 낮은 신뢰의 비용으로 얼마나 많은 시간과 돈이 낭비되는가? 신뢰를 높여서 이러한 비용을 제거하면 더 나은 혁신, 더 빠른 협력, 더 향상된 효율 등이 가능해진다.

투자의 대가 워런 버핏Warren Buffett과 월마트의 M&A 거래는

신뢰가 비용을 얼마나 줄여 주는지를 보여 준 대표적인 사례이
다. 워런 버핏은 월마트의 자회사 맥클레인을 230억 달러 규모
로 인수했다. 보통 이 정도 규모의 거래는 1년가량의 시간과 변
호사, 회계사 등 많은 인적 자원의 투입이 필요하다. M&A에 필
요한 모든 종류의 서류 검증과 재무 실사, 법률 실사, 사업 타당
성 실사 등 거액을 지출하는 것이 일반적이다. 그러나 두 회사는
높은 신뢰로 경영되어 왔기 때문에 계약은 두 시간 동안의 회의
와 악수로 성사되었다. 정밀 실사 없이 29일 만에 종결되며 시간
은 물론 막대한 비용을 절약할 수 있었다. 중국 알리바바의 마윈
Ma Yun 회장이 뉴욕 증권 거래소에 상장할 때 소감에서 세계로부
터 높은 신뢰를 받을 수 있어서 기쁘다며, 알리바바가 지금까지
살아남을 수 있었던 것은 정부, 고객, 주주로부터 신뢰를 받았기
때문이라고 강조한 바 있다.

　신뢰가 주는 효율성은 개인 거래에도 그대로 적용된다. 한 노
점상의 사례다. 한 명이 운영하는 이 노점상은 핫도그를 사기 위
해 줄이 늘어지기 십상이었다. 긴 줄 때문에 되돌아가는 손님도
많았다. 핫도그를 만들고 포장해 손님에게 전달하고 일일이 잔
돈까지 바꿔 주는 데 시간이 너무 오래 걸렸기 때문이다. 그래서
노점상 주인은 '자율 잔돈 통'을 만들었다. 손님이 값을 잔돈 통
에 넣고, 잔돈 역시 스스로 계산해 가도록 한 것이다. 그 결과 손
님을 두 배나 더 빠르게 응대할 수 있게 되었음은 물론이고, 신
뢰받고 있다고 느낀 손님들은 오히려 잔돈을 챙겨 가지 않았다고
한다.

불신 사회를 극복하려면

—

어떻게 하면 사회적 신뢰를 높일 수 있을까? 결론부터 말하면 신뢰는 평등과 공정에서 나온다. 누구나 자신이 차별받고 있다고 생각할 때 분통과 분노를 느끼지만, 그것이 공정하게 이루어진 절차와 경쟁에 의한 것이라면 자신이 손해를 봐도 분노를 느끼지 않는다. 필자가 말하는 평등의 정의는 이렇다. 같은 상황이라면 누구에게나 공정한 기회와 동일한 결과가 있어야 한다. 노약자, 어린이, 장애자 또는 의사소통이 어려운 외국인이라고 해도 결과가 같은 사회적 시스템을 말한다. 이런 각도로 바라볼 때 우리는 스스로 평등하다고 자평하기 어려울 것이다. 심지어 같은 죄를 지어도 신분에 따라 죗값이 달라지는 경우도 있다. 사회적인 위치나 외모에 따라 기회가 달라지는 것을 불평등하다고 느끼면서도 어쩔 수 없는 차별이라 여기는 이중 잣대가 결국 사회적 비용을 높이게 된다. 평등하고 공정한 사회는 구호와 의지만으로 해결하기 어렵다. 사회적인 시스템과 제도적 개선이 뒷받침이 되어야 가능할 것이다.

평등한 사회의 출발은 직업에 대한 스스로의 전문성과 자긍심 회복이 우선이고, 사회적으로 그것을 인정해 주는 데에서 시작한다. 겉으로는 직업에 귀천이 없다고 말하지만 사회는 직업의 귀천을 따진다. 특정 직업을 하찮게 보는 것이 문제의 출발이겠지만 한편으로는 직업에 대한 자부심의 부족도 한 몫 한다. 자부심 부족은 일에 대한 보상의 크기에 의해 결정되는 것 같지만,

사실 전문성 결여에서 나온다. 전문성이 결여된다는 것은 언제든 다른 사람으로 대체가 가능하다는 뜻이다. 그러니 자부심보다는 불안감이 클 수밖에 없다.

직업의 문제보다도 사실 우리가 우려하는 것은 사회가 이미 '기회의 불평등'을 논하고 있다는 점이다. 젊은이들 사이에서 유행했던 수저 계급론이 대표적이다. 원래 "은수저를 물고 태어났다"라는 말은 부유한 환경에서 태어났다는 관용적 표현이었다. 그런데 요즘 사람들이 은수저를 금수저로 바꾸고, 흙수저라는 새로운 개념을 만들어 냈다. 이렇게 수저로 계급을 나눈 것은 가난하게 태어난 사람이 사회적이나 경제적으로 개선되기 어려울 것이라는 체념이 고스란히 녹아 있다. 일부에서는 수저 계급론을 이야기하는 젊은이들을 나약하고 패배적이라 생각할 수 있다. 하지만 전혀 근거 없는 푸념도 아니다. 우리나라 시가 총액 상위 기업들의 최대 주주들은 대부분 상속자이기 때문이다. 이들은 이미 태어날 때부터 경제적으로 큰 특혜를 누리고 자라났고, 상대적으로 좋은 교육과 취업의 기회를 잡고 있다. 국내 명문 대학교 입학생들의 대부분이 강남권 출신 학생들이라는 통계는 이미 알려진 사실이다.

은수저를 물지 않고 개천에서 태어난 이가 훗날 용이 되던 시절이 있었는데, 정부 주도의 고성장기에서나 가능했던 일이다. 정부 주도라 함은 정부에서 일을 하는 사람으로, 즉 고시를 통한 신분 상승이 용이했음을 말한다. 무엇보다 고성장기에는 부모로부터 물려받은 것이 없더라도 성실하기만 하면 자산 증식의 기회가 열려 있었다. 그러나 정부 주도력이 떨어진 저성장 사회에서는 타고난 경제적 격차를 개인의 노력과 의지만으로 줄이기란 쉽지 않다. 일부 부자들과 언론들은 고질적 가난과 높은 실업률을 해결하기 위한 해법으로 시장을 키우자고 말한다. 부자들이 부를 더 많이 축적하면 더 많은 소비를 해서 일자리가 많아질 것이라는 논리지만 이는 근본적인 해결책이 될 수 없다.

　경기 상황에 따라서는 일부 소수에 축적된 부가 소비를 통해 사회 전체적으로 흘러나오지 않을 수 있기 때문이다. 이 경우 경제적 양극화와 불평등은 오히려 더 심화될 수 있다. 조지 부시 George W. Bush 전 미국 대통령은 집권 당시 부자 감세 정책을 시행한 바 있다. 미국의 고소득층에 대한 소득 세율은 1975년 70%였던 것이 감세 정책으로 2006년 35%로 낮아졌다. 대기업 법인 세율도 1975년 48%에서 2006년 35%로 낮아졌다. 하지만 경제적 불평등은 더욱 커졌고, 미국 정부는 재정 절벽에 직면하여 2011년에 유례 없는 국가 신용 등급 강등이라는 수모를 겪어야 했다. 2008년 노벨 경제학상을 받은 폴 크루그먼 Paul Krugman 교수에 따르면 불평등을 줄이는 쉬운 방법은 부유층에게서 세금을 거둬 국가적 차원에서 저소득층을 돕는 것이라고 한다. 국민 의료 보험과 최저 임금 인상 등을 확대하자는 것이다. 여기에 한 가지 제안을 하자면 '기부 문화'를 확산시키는 것이다. 이미 미국의 부자들은 자산의 사회 환원과 기부를 그들의 책임으로 인식하고 있다. 기부 문화는 소득 불균형 해결을 넘어 부자가 존경받고 사회의 갈등을 해소함은 물론, 개인을 결속시키고 사회적 자본이 축적되는 힘으로 작용할 수 있나.

자본주의 사회에서 구성원 간의 경제적 차이가 발생하는 것은 당연하다. 사회가 신뢰를 얻기 위한 방법은 경제력의 차이를 줄여 주는 것에 국한되어 있지 않다. 부자에게 소비를 강요할 이유는 더더욱 없다. 성숙된 사회라면 경제적 약자를 부자로 만드는 것이 아니라, 사회 안전망 속에서 더불어 살 수 있도록 만들어 주어야 하기 때문이다. 그래야 경제적 약자들이 국가 정책에 대해 신뢰할 수 있다.

기업의 경쟁력도 신뢰에서 시작한다

—

국가뿐 아니라 기업 내에서도 신뢰는 매우 중요한 요소이다. 기업 내에서 상호 간에 신뢰가 쌓이면 강한 기업으로 성장할 수 있다. 조직원 사이에 신뢰가 없으면 서로 감시하고 참견하고 불필요한 인력과 시간과 비용이 발생한다. 또한 기업 경쟁력의 핵심인 창의적인 사고와 혁신적인 기술 개발 등이 어려워질 것이다. 상급자의 감시와 참견 속에서 창의적인 사고가 나올 가능성은 매우 낮다. 기업에서의 신뢰를 위해서는 모든 조직원들에게 공정해야 하며, 불평등을 줄여야 한다. 학연, 지연, 아부 등으로 평가한다면 조직원들은 분노하고 불만과 억울함이 극에 달할 것이다. 평가의 룰을 명확히 공개하고 합의한 후 결과에 대해 공정하게 평가해야 기업과 구성원의 신뢰가 형성될 수 있다.

　　대한민국은 세계 어느 나라보다도 어려운 환경에서 높은 경제 성장을 보였다. 그러나 이러한 경제 성장에도 불구하고 신뢰, 소통, 협력 등 사회적 자본은 아직도 경제 발전을 따라가지 못하는 실정이다. 앞에서 언급한 2023년 레가툼연구소 자료에서 우리나라의 사회적 자본 지수가 세계 167개국 중에서 107위에 불과하다는 점이 이를 입증한다. 우리가 진정한 선진국으로 가기 위해서는 사회적 자본인 신뢰가 바탕이 되어야 한다. 양적인 성장도 중요하지만 신뢰와 평등이 없다면 그저 돈 많은 졸부 국가에 지나지 않는다. 신뢰와 평등을 구축하기 위해서는 직업의 귀천이 사라져야 하며, 직업에 대한 전문성과 책임 의식이 높아져야 한다. 서로 믿고 신뢰하며, 이를 바탕으로 연대하는 국가가 진정으로 강한 국가일 것이다.

허황된 꿈의 숨은 뜻

'문샷싱킹Moonshot Thinking'이라는 말이 있다. 1962년 케네디John F. Kennedy 전 미국 대통령이 달에 사람을 보내겠다는 목표를 세우면서 생긴 말이다. 달에 가겠다는 생각조차 하기 어려운 시기였고, 그 당시 기술과 과학으로도 불가능한 일이었다. 결국 문샷싱킹은 도달하기 어려운 높은 수준의 혁신적인 목표를 언급할 때 쓰이는 말이 되었다. 영화 〈아이언맨〉 주인공의 실제 모델이면서, 테슬라 CEO인 일론 머스크Elon Musk도 불가능에 가까운 목표를 세우고 도전하는 인물로 유명하다. 일론 머스크는 학창 시절부터 환경과 에너지 등에 관심을 가지고 인류의 삶을 변화시키는 도전적인 사업을 생각해 왔다고 한다. 세계 첫 민간 우주 로켓을 발사한 우주 벤처 기업 '스페이스X', 전기차 기업 '테슬라', 신개념 충전소 '솔라시티' 등 혁신적인 기업을 운영하며, 온라인 결제 서비스 '페이팔'을 만들기도 했다. 그는 불가능해 보이는 혁신적인 생각들을 자신의 기업들을 통해 현실로 만들었다. 그러던 그가 2012년에는 화성을 식민지화하겠다고 발표했다. 화성을 식민

지화하는 것이 가능할까? 무엇보다 기업에 어떤 도움이 되는 걸
까? 그는 왜 그런 말을 했을까?

꿈의 크기가 중요한 이유
—

왜 사람들은 실현하기 어려운 목표를 세우는 걸까? 그것은
불가능에 가까운 높은 목표를 세우고, 이를 이루기 위해 노력하
는 과정에서 놀라운 발전이나 급진적인 혁신을 이룰 수 있기 때
문이다. 국가나 기업이 지금보다 조금 좋아지는 정도의 실현 가
능한 목표를 세우면 기존의 방식에서 크게 벗어날 수 없다. 그러
나 지금보다 수백 배 이상의 큰 개선이 필요한 높은 목표를 세우
면 더 이상 기존의 방식으로는 접근이 불가능해진다. 따라서 목
표에 도달하기 위해서는 근본적인 생각부터 바꾸어야 하고, 과
거와 전혀 다른 방법으로 접근하는 급진적 혁신이 필요하다. 결
국 꿈의 크기에 따라 준비하는 과정부터 달라지는 것이다. 지금
은 불가능해 보이더라도 큰 꿈을 향해 도전하는 용기가 필요하
고, 그것이 결국 세상을 바꾼다. 기업에게는 후발 업체들이 절대
로 쉽게 따라올 수 없는 높은 경쟁력으로 작용하는 것이다.

이러한 문샷싱킹을 적극적으로 진행하는 기업이 또 있다. 미
국의 인터넷 업체 구글이다. 구글은 '구글X'라는 비밀 혁신 연구
소를 설립하고 문샷싱킹을 실천하고 있으며, 이를 통해 세상을
바꾸는 혁신적인 기술을 개발하고 있다. 테슬라와 구글은 인류

에 가장 필요한 문제를 제시하고 이를 해결할 혁신적인 방법을 찾는다. 예를 들어 세계적으로 연간 수백만 명이 교통사고로 생명을 잃고 있다는 사실의 원인을 사람이 운전하기 때문으로 판단했다. 따라서 테슬라는 자동차가 스스로 움직이는 자율 주행 차량을 빠르게 개발하고 있으며, 이미 상용화에 근접해 오고 있다. 구글은 아직도 세계 인구의 절반 이상이 인터넷을 사용하지 못한다는 문제를 해결하기 위해 '룬 프로젝트 Loon Project'를 계획했다. 룬 프로젝트는 공유기를 단 풍선을 성층권에 띄워 인터넷으로부터 소외된 지역이 없는 세상을 만드는 것이다. 또한 구글은 구글 글라스나 드론으로 구호물자를 전달하는 '프로젝트 윙 Project Wing' 등 다양한 혁신 제품을 개발하고 있고, 대부분의 연구는 비밀리에 진행되고 있다.

혁신하지 않으면 미래는 없다

—

기업의 혁신은 필수 조건이며, 이를 실현하지 못하면 지속 가능한 성장이 어려워진다. 소니는 1955년 일본 최초로 라디오를 생산하기 시작했으며 당시 호주, 독일, 미국 등 서방 국가의 젊은 이들이 크게 열광했다. 1955년 처음 출시된 라디오는 10만 대 판매되었으나, 1968년에는 500만 대 이상 판매되었다. 1960년대 말부터 2000년대까지 텔레비전, 컴퓨터, 워크맨, 콤팩트디스크, 노트북, 게임기, 캠코더 등 혁신적인 제품을 출시하면서 전자 제품 시장을 선도했다. 1980년대 소니 제품에 대한 충성도는 지금의 애플을 능가하는 수준이었다. 그러나 2000년대에 전자 제품을 넘어 엔터테인먼트 등으로 사업을 확대하면서 기존 사업에 대한 혁신이 이루어지지 않자 글로벌 IT 시장에서 크게 뒤처지게 되었다.

또한 휴대폰 시장에서 1988년부터 2010년까지 13년간 1위를 점유했던 핀란드의 노키아도 순식간에 몰락했다. 노키아의 글로벌 휴대폰 점유율은 2007년 49%였으나, 2011년 18%, 2013년 3%로 하락했으며 휴대폰 사업부는 마이크로소프트에 인수되었다. 이는 휴대폰 시장이 스마트폰 시장으로 변화하고 있음에도 불구하고 혁신을 떠나 변화하는 시장조차도 적응하지 못했기 때문이다. 시장을 선도하면서 새로운 혁신 제품 개발에 노력하지 않고 기존 제품에 대한 자신감과 후발 업체들에 대한 무시가 지금의 노키아를 부른 것이다. 어디 노키아뿐일까? 많은 회사들이 사업 초기에 반짝 성공하고 이후 교만과 자신감으로 불필요하게 방대해지면서 혁신과 거리간 먼 곳에 대규모 투자를 하면서 사라졌다. 망하지 않고 성공하는 기업은 끝없는 혁신과 위기감을 먹고산다는 점을 기억해야 한다.

결국 사람이 답이다

스위스에 있는 국제경영개발원IMD은 상설 부속 기관인 세계경제 포럼WEF을 통해 1980년부터 매년 세계 각국의 국가 경쟁력을 평가해서 순위를 발표하고 있다. 평가 기준은 각 국가들의 경제 성과, 정부 효율성, 비즈니스 효율성, 인프라 등 다양한 분야를 아우른다. 2023년 IMD 발표 자료에 따르면 한국의 국가 경쟁력 순위는 28위였다. 현재 인구나 경제 규모로 보면 괜찮은 결과처럼 보인다. 하지만 조금만 들여다보면 결코 좋은 성적이 아님을 알 수 있다. 우리나라의 순위는 지난 2021년 23위, 2022년 27위에서 연속으로 하락하고 있다. 국가 경쟁력 1위와 2위인 덴마크와 아일랜드는 우리보다 인구 규모가 월등히 작은 나라들이다. 아시아 국가들 중에서는 대만이 6위, 홍콩이 7위를 기록했다. 우리의 경제성 지표와 인프라 지표는 각각 세계 14위와 16위였으나, 정부 효율성은 38위, 기업 효율성도 33위에 그치면서 전체적인 순위가 낮아진 것이다.

국가 경쟁력은 어디서 오는지에 대해서 생각해 보면 평가 기준에서 언급되었듯이 정부와 기업 모두가 경쟁력을 갖추어야 한다는 결론이 나온다. 글로벌 금융 위기 이후 경제적 측면에서 보면 정부의 적극적 시장 개입을 주장하는 경제학자 케인즈의 케인지언 정책Keynesian Policy이 득세하는 시기인 만큼 경제를 이끄는 정부의 역할이 크다고 할 수 있다. 하지만 장기적으로 보면 국가 경쟁력의 원천은 경제의 3대 주체인 정부, 기업, 가계가 될 것인데, 이것은 결국 국민 개인 경쟁력의 총합이다. 가령 한 국가가 풍부한 지하자원과 천혜의 관광 자원을 보유한다 해도 부가 가치는 결국 사람에 의해 창출된다. 세계 주요 선진국들 모두가 지하자원이 풍부하거나 지리적으로 좋은 위치에 있는 것은 아니다. 오히려 자원이 풍부한 많은 국가들이 산업의 진화를 꾀하지 못하고 1차 산업에 머무르는 경향이 많다. 심지어 지리적으로 요충지에 있는 국가들은 잦은 내전 등으로 정치적, 경제적으로 어려움을 겪고 있는 것이 현실이다. 결국 국가와 기업을 지탱해 주고 있는 공무원, 기업인 등 사람이 나라의 핵심 경쟁력이다. 미국, 일본 그리고 중국 등과 경쟁한다는 것은 결국 미국인, 일본인, 중국인과 경쟁한다는 것과 같은 개념이다.

인재가 몰리는 회사는 성공한다
—

자본주의에서 국가 경쟁력은 기업이 얼마나 성장하고 높은 경쟁력을 확보하고 있는지에 따라 좌우된다. 자본주의는 자본의 성장을 전제로 하는데, 여기서 자본은 기업의 순자산과 같은 개념이기 때문이다. 기업의 자본이 성장해야 국가의 세수가 안정적으로 유지되고 질 좋은 고용을 통해 가계의 소비를 늘릴 수 있다. 즉 가계, 기업, 정부의 경제 주체들이 원활한 소비를 하기 위한 핵심 원동력은 바로 기업에 있는 것이다. 과거 기업의 주된 경쟁력은 물리적 격차에 의해 결정되었다. 대규모 설비 투자를 보유한 기업이 규모의 경제를 달성해 가격 경쟁력을 확보할 수 있었다. 하지만 산업 혁명을 일으켰던 설비 투자를 통한 규모의 경제는 이제 더 이상 기업의 핵심 경쟁력으로 빛을 발하지 못하고 있다. 세계적인 저성장 국면에 접어들면서 수요가 줄기 시작했고, 기존의 대규모 설비 투자는 도리어 기업의 부담으로 되돌아오고 있다.

반면 설비 투자 중심이 아닌 브랜드, 지적 재산권, 인재 등 무형의 자산을 보유한 기업들이 부각되기 시작했다. 호텔을 한 채도 보유하지 않은 에어비앤비의 가치가 세계 최대의 호텔 체인의 기업 가치를 넘어선 지 오래되었고, 택시 한 대 없는 우버, 스트리밍 엔터테인먼트 넥플릭스, 유튜브 등 수많은 플랫폼들의 기업 가치는 우리의 상상을 뛰어넘는다. 금융업에서도 과거에는 수많은 지점과 직원 수에 의해서 기업의 수익과 기업 가치가 결정되었으나, 최근에는 오히려 기업의 효율성 측면에서 지점과 인력이 마이너스 요소가 되고 있다. 수요 감소 시기가 도래하면 고정 투자 비중이 높은 기업은 비용 압박에 시달리지만, 무형의 경쟁력을 보유한 기업은 어느 수준의 매출을 넘어설 경우 수익성이 기하급수로 증가할 수 있다.

미국의 대표 기업인 구글이나 애플, 페이스북, 아마존의 경쟁력은 브랜드, 인력 등 무형 자산에 기반한다. 하지만 한국의 대표 기업인 삼성, LG 등은 성장을 위해 중국, 베트남 등 끊임없이 값싼 임금을 찾아 대규모 투자를 해야 하는 악순환에서 완전히 벗어났다고 보기 어렵다. 아직 한국은 기업의 경쟁력을 인재보다는 저렴한 노동력에서 찾고 있는 셈이다. 이미 글로벌 선도 기업들은 설비 투자보다는 인재 확보와 유지에 사활을 걸고 있다. 지난 2005년 마이크로소프트와 구글이 직원 한 명을 두고 법정 다툼까지 간 일이 있었다. 구글이 마이크로소프트 연구원을 스카우트하면서 발생한 것인데, 결국 법원은 구글의 손을 들어 주었다. 우리가 얻어야 할 시사점은 이미 글로벌 기업들은 기업의 경쟁력을 인재에 두고 있다는 것이다. 세계적인 기업들은 지식 기반의 사회 환경에서 한 명의 인재가 수십만 명을 먹여 살릴 수 있음을 익히 깨닫고 실행에 나서고 있다. 미래 기업의 경쟁력을 높이는 것은 결국 인재를 확보하고 관리하는 데에 있다. 누군가 구글의 미래에 대해 묻는다면 필자는 이렇게 대답할 것이다. "구글은 전 세계에서 매일 평균 3천 명의 인재들이 지원하고 있기 때문에 미래가 밝다. 인재가 몰리는 회사는 실패하지 않는다"

인재는 어떻게 만들어지는가

—

인재는 어떻게 만들어지는가? 이 물음에 결론부터 말하면 인재는 교육을 통해서 양성된다. 그렇다면 우리의 교육 환경은 인재를 만들어 내기 적합할까? 많은 사람들은 교육의 긍정적인 점보다는 치열한 경쟁과 사교육비 등 부정적인 면에 대해서 지적할 것이다. 그러나 반론이 예상되기는 하지만 지금까지의 대한민국 교육은 적절했다고 본다. 전쟁이 끝난 뒤 무엇 하나 남아 있지 않고, 자원 역시 없는 우리가 현 수준의 국가와 기업 경쟁력을 확보하게 된 것도 부모 세대의 헌신적인 교육 투자 덕분일 것이고, 학교 교육 역시 주입식을 통한 효율적 지식 학습과 순위를 매기는 경쟁 구도로 고성장 시기에 적합한 인재를 양성했다고 볼 수 있다. 자연스럽게 고성장을 주도하는 기업에 입사하는 것이 학생과 부모에게는 지상 과제가 된 것이다. 우리의 교육은 한국의 시대상에 매우 적합하게 설계되었고, 학생들이 잘 소화했기 때문에 한국의 고속 성장이 있었음을 인정할 필요가 있다.

　그러나 최근 들어 교육에 투자한 만큼 국가 경쟁력에서 성과가 나지 않는 이유는 인재의 기준이 바뀌었기 때문이다. 저성장이 수년간 지속되고 있기 때문에 고성장에 맞게 양성된 인재들의 초과 공급이 발생하는 것은 당연한 이치다. 대한민국을 대표하는 기업들의 최고 경영자 자리는 인재보다 창업자와 관련된 상속자가 차지하는 경우가 대부분이다. 얼마 전 TV에서 사회자가 대학생들에게 왜 공부하는지 질문하자, 너무 간단하고 명료한 대답이 돌아왔다. 좋은 기업에 취업하기 위함이라는 것이었다. 우리의 교육 과정은 아직도 미래에 대한 꿈보다는 취업이라는 현실에 막혀 있다. 구글의 알파고가 대결 상대로 컴퓨터 공학자나 수학자가 아닌 바둑 기사 이세돌을 선택한 것은 시사점이 있다. AI의 도전 과제가 계산에 있지 않고 창의적 판단에 있음을 의미하기 때문이다. AI의 발전은 앞서 산업화에 특화된 과거의 인재들을 매우 빠르게 잠식할 것이지만, 창의성과 인간의 고유 의지를 구현하는 데에는 분명 시간이 걸릴 것이다.

남과 다른 것이 경쟁력
—

창의적 혹은 혁신적이라는 개념은 추상적이다. 필자가 정의하는 창의는 남과 다른 생각, 다른 아이디어 그 자체이다. 그런 의미에서 남과 달라지려는 노력은 매우 좋은 출발이 될 수 있다. 그러기 위해서는 어떤 문제에 대해서 다양한 답이 나올 수 있어야 하며, 남들과 다른 답도 존중하는 풍토가 조성되어야 한다. 그러나 우리의 교육은 아직도 획일화, 모듈화되어 있으며, 누구에게나 똑같은 답을 요구한다. 그러다 보니 답을 달달 외워야 하는 교육 제도에서는 현실적으로 현 사회에서 요구하는 인재가 나오기 어렵다. 얼마 전에 공중파 방송에서 본 것인데, 국내 고등학교 2학년 수학 문제를 하버드 공대생들도 풀지 못하는 모습이 나왔다. 또한 수능의 언어 영역에 나온 시 관련 문제를 시인이 틀리기도 했다.

운동을 하면 몸이 튼튼해지듯이 머리가 튼튼해지는 교육을 해야 한다. 자본주의 사회에서 어려운 환경을 이기는 것은 몸이 아니라 정신이기 때문이다. 기업들이 말하는 혁신도 갑자기 영감을 얻어서 하늘에서 떨어지는 것이 아니다. 어려서부터 유연하고 다양한 지식을 받아들여야 한다. 깊은 사고와 고민에서 창의적이고 혁신적인 아이디어가 나온다. 그런 의미에서 뉴욕 타임스가 최고의 학사 과정을 보유한 대학으로 선정한 세인트존스 칼리지의 졸업 자격은 매우 흥미롭다. 이 대학을 졸업하기 위해서는 4년 내내 인문학 고전 100권을 읽어야 한다. 전공 과목도 없고, 시험도 보지 않는다. 그 대신 책을 읽고 토론을 통해 대화의 에티켓을 배우고 자신만의 사고방식을 정립해야 한다. 무려 4년간 말이다. 책을 읽고 토론하는 내용이 다른 사람과 같을 수 없음을 정확히 인지하고, 이 과정에서 서로 다름을 존중하는 법까지 배우는 것이다.

　우리나라는 자원도 풍부하지 않고 지리적인 위치도 좋지 않다. 지금까지의 성장이 교육의 양적인 면에 치중했다면, 향후에는 교육의 질을 높이는 작업을 해야 한다. 교육을 통해 많은 인재를 생산해 내고 이러한 인재가 정부, 기업 등 사회 곳곳에서 중요한 역할을 할 때 국가 경쟁력이 올라갈 것이다. 우리의 교육이 창의적으로 바뀌지 못하는 부분이 결국 취업 불안에 있다면 취업 외의 옵션을 만들어 줘야 한다. 이것은 국가의 몫이다. 우리나라보다 자본주의가 늦은 중국도 성장률 둔화에 직면하자 국가의 먹거리로 창업을 선택했다. 중국 정부는 '대중의 창업, 만인의 혁신'이라고 외치며 청년들에게 창업을 독려하고 있다. 창업은 새로운 것을 만드는 일이고 남과 다른 비즈니스 모델을 고민

하게 하는 좋은 툴이 된다. 창의적 인재는 교육으로도 만들어지
지만, 그 역량이 발휘되기 위해서는 정부의 지원이 반드시 필요
하다. 기업 역시 인재 확보와 유지에 더 큰 비중을 두어야 한다.
값싼 노동력을 찾아 해외로 공장을 찾아다닐 것이 아니라, 국내
인재 유출을 막고 해외 고급 인력 확보를 위한 투자에 더 집중해
야 한다.

리더의 자격

필자는 증권사의 리서치 센터에서 기업 가치를 분석하는 일을 했었다. 수많은 기업을 방문하고, 기업이 속해 있는 산업과 기업의 경쟁력을 분석해서 미래 가치를 판단하는 일이었다. 기업을 방문해서 경영진으로부터 회사의 현황과 향후 계획을 듣고 있다 보면 다들 훌륭하고 발전 가능성이 높아 보인다. 회사 경영진들이 모든 걸 긍정적으로 해석하고 설명하기 때문일 것이다. 또한 그들은 각기 자신들의 방법으로 혁신하고 최선을 다한다. 그럼에도 불구하고 이러한 기업들이 성공하는 경우보다 그렇지 않은 경우가 더 많은 것이 현실이다. 그렇다면 어떤 기업들이 성공할까? 투자자의 시각에서 볼 때 성공 기업은 일반적으로 제품의 혁신성, 빠른 시장 진입, 높은 원가 경쟁력을 기반으로 고수익을 창출한다는 공통점을 갖고 있다. 간혹 제품이나 아이템이 아주 혁신적이거나 남다른 경쟁력이 없더라도 몸담은 산업이 고성장하면서 비교적 쉽게 수익을 창출하는 기업도 없지 않았다.

그런가 하면 많은 기업들이 어려움을 겪으면서 자본 잠식에 빠지거나, 다른 회사에 매각되면서 사명이나 경영진이 교체되는 경우도 많이 보았다. 실패한 기업이라고 해서 반드시 임직원의 능력이 부족하거나, 기술이나 자본이 충분하지 못했던 것은 아니었다. 필자는 현 직장인 자산 운용사에 근무하기 전 세 곳의 증권사에서 근무했다. 증권 회사는 여타 제조업이나 IT 업체 등과 비교해 고객에게 차별화된 서비스를 제공하기가 쉽지 않다. 오래된 산업이기도 하거니와 증권 회사 간 경쟁도 치열하고 소위 '맨파워'라고 불리는 임직원들의 경쟁력 역시 우열을 가리기 어렵기 때문이다. 그런데 현재 세 증권사의 위상은 상당히 달라져 있다. 앞서 근무한 두 곳은 다른 회사에 인수되어 사라졌고, 마지막으로 근무했던 회사는 앞선 두 회사보다 늦게 시작했음에도 사세가 크게 확장되었다.

뚜렷한 목표를 공유하는 능력

—

기업의 성공과 실패를 가르는 핵심 차이를 리더에서 찾을 수 있다. 성공한 기업에는 반드시 훌륭한 리더가 있기 마련이다. 리더의 요건이라고 하면 보통 책임감, 집중력, 문제 해결 능력 등 실무적 역량을 비롯해 품성, 용기, 소통 등 인간적 소양이 언급된다. 그런데 이보다 더 중요한 것이 있다. 그것은 '확고한 목표'를 조직원과 '공유'하는 능력이다. 물론 어느 기업이나 목표와 사명은 하나씩 있다. 관건은 이것을 어떻게 조직원에게 녹이고 역량을 결집시키느냐는 것이다. 훌륭한 리더는 조직원에게 명확한 목표를 부여하고 그 목표를 향해 스스로 다가설 수 있도록 든든한 힘이 되어 준다. 그런데 이것이 말처럼 쉽지는 않다. 회사의 목표와 조직원의 목표가 일치하기 어렵고, 리더의 열정과 조직원의 열정 역시 차이가 있기 때문이다. 결국 이러한 간극을 리더가 얼마나 좁히느냐가 회사의 성패를 좌우한다.

  흥미롭게도 조직원들은 대부분 조직의 목표를 잘 안다고 생각한다. 하지만 조금 더 들여다보면 조직의 목표를 구체적으로 알지 못하고 단지 슬로건 정도로 인식하는 경우가 많다. 그렇다보니 조직원들은 회사가 정한 목표에 대한 자의적 해석으로 변형된 목표를 가져가게 된다. 그러면 역량이 결집되지 못하는 것은 물론, 시간이 지날수록 회사와 직원 간 괴리가 더욱 커진다. 통상 직장인들이 토로하는 회사에 대한 불만은 큰 틀에서 보면 회사의 목표와 직원의 목표가 불합치하는 데에서 파생한 문제다. 애플의 CEO였던 스티브 잡스^{Steven Paul Jobs}를 예로 들어 보자. 그는 한때 창업했던 회사에서 퇴출된 경험이 있다. 스티브 잡스가 경영에 복귀하자마자 제시한 애플의 목표는 '인류를 바꿀 만한 창의적 제품을 만들자'였다. 조직원들은 목표를 달성하기 위해 무엇을 해야 하는지를 고민했고, 이 과정에서 창의적이고 혁신적인 사고가 가능하게 된 것이다. 애플의 혁신에 대해 스티브 잡스의 천재성에 찬사를 보내지만, 사실 스티브 잡스가 천재성을 보인 것은 제품 그 자체보다는 회사의 목표를 매우 명쾌하게 조직원에게 녹인 리더십이었다.

타인을 통해 목표를 이루는 것

—

하버드 대학교의 대니얼 골먼^{Daniel Goleman} 교수는 리더십이란 다른 사람을 통해 원하는 목표를 이루는 것이라고 정의한다. 리더는 혁신적인 생각이나 아이디어를 내는 사람이 아니라는 것이다. 리더는 수많은 조직원들의 의견을 충분히 듣는 위치이며, 무엇보다 조직원 스스로 고민하고 창의적인 사고를 할 수 있도록 환경을 만드는 사람이다. 조직원의 자유로운 소리를 듣기 위해서라도 리더는 고정 관념에 사로잡혀서는 안 된다. 고정 관념을 버린 리더가 결국 혁신적인 기업을 일군다. 아쉽게도 한국 기업의 상당수는 아직도 수직적인 조직 문화를 고수하고 있다. 이것은 대한민국이 단기간에 고도성장을 이루었던 제조업 중심의 산업화 초기에 유용했던 방법이다. 하지만 산업이 고도화되고 더욱더 혁신적인 제품이 요구되는 지금의 시점에서는 방법이 바뀌어야 한다.

최소한 혁신적인 기업을 일구고자 하는 리더는 수직적 문화부터 없애야 한다. 리더가 조직원에게 자신의 생각을 지시하거나 주입하고 하급자 역시 상급자의 메시지를 비판 없이 수용한다면, 조직의 기강은 세워질지언정 혁신적인 사고를 기대할 수 없다. 대니얼 골먼 교수의 정의에 따르자면 수직적인 의사 결정을 요구하는 리더는 리더가 아닌 지시자에 불과하다. 수평적 기업 문화를 장착한 해외 기업에서 혁신적인 제품이 많이 나오는 이유를 우리는 눈여겨봐야 한다.

희생하는 리더

—

리더가 가져야 할 덕목은 희생이다. 리더는 누구도 하기 싫은 일에 앞장설 뿐만 아니라 수익의 과실을 가장 마지막으로 취해야 한다. 전장에서 장수는 반드시 무리의 앞에서 돌진해야 한다. 그래야 병사들이 목숨을 걸고 싸울 용기가 생긴다. 리더가 먼저 희생할 때, 조직원들은 리더와 조직을 위해 희생한다. 이를 가장 잘 실천하는 사람이 있다. 호세 무히카Jose Mujica 우루과이 대통령이다. 그는 세계에서 가장 가난한 대통령으로도 알려져 있다. 2010년 대통령 취임 이후 월급의 90%를 기부하며 남은 전 재산은 중고차 한 대에 불과했다. 그의 정치 철학은 매우 단순하고 명확하다. 가난한 사람을 돕는 것이다. 본인의 부를 축적하면서 가난한 사람을 도와줘도 되지만 진정성이 떨어진다고 보았다. 대통령이 먼저 기부에 나서고 검소한 생활을 하면서 가난한 사람을 돕기 때문에 그의 리더십이 전 세계의 주목을 받고 있다. 우리 기업의 리더십도 바뀌어야 한다. 공룡처럼 성장한 중국의 경제적, 정치적 영향력이 강해지고 있다. 분야에 따라서는 우리보다 더 혁신적이고 더 빠르게 변화하고 있다. 이미 중국이 중간재 제조국에서 완성품 수출국으로 변한 지 오래되었다. 우리가 일본의 주력 산업을 잠식했던 것보다 월등히 빠른 속도로 우리의 제조업을 잠식하고 있다. 중국 산업화 초기에 자동차, 스마트폰 등 많은 우리나라의 제품들이 중국 시장을 주도했던 시기가 믿어지지 않을 정도이다. 어째서 그때 시장을 지키지 못했을까?

　　그뿐만 아니라 1992년 중국과 수교 이후 처음으로 지난 2023년에는 중국과의 무역에서 적자를 기록했다. 게다가 잃어버린 30년이라는 오명을 썼던 일본도 우리의 경제 성장률을 넘어섰다. 엔화 약세를 기반으로 일본 기업의 경쟁력이 재차 강화되고 있기 때문으로 보인다. 또한 미국, 유럽 등 선진국 시장은 다양한 방법으로 자국 기업들을 보호하고 있다. 수출 중심의 우리 기업들이 이를 극복하기 위해서는 리더십이 변해야 한다. 수직적 리더십과 혁신적 제품은 공존하기 힘들다. 시간이 많지 않다. 무엇이든 유지하는 것도 어렵지만 재도약은 더욱 어렵다. AI, RE100, 로봇 등 세상은 빠르게 변화하고 있다. 우리 기업들의 리더십도 끊임없이 변화해야 하는 이유이다. 이것에 국가의 운명이 달려 있다.

한 걸음 물러설 줄 아는 여유

자신감과 겸손은 세상을 살아가는 사람들이 타인에게 보일 수 있는 표현 중 하나이며, 대부분의 사람들은 이 단어에 긍정적 의미를 부여한다. 그러나 여기에서는 자신감이 과도할 경우 생길 수 있는 부정적인 면에 집중해 보고자 한다. 자신감이란 단어의 사전적 의미를 보면 스스로 자신을 믿고, 문제를 처리할 수 있다는 담대한 마음이다. 자신감이 있는 사람은 어떤 일에서도 책임감을 가지고 최선을 다하며, 운이 따르기도 한다. 그러나 자신감이 없는 사람은 자신의 가치를 높이기 어렵다. 어떠한 상황에 미리 겁을 먹고 시도도 하기 전에 두려워하며 포기해 버리기도 한다. 심한 경우에는 대인 기피증으로 이어질 수 있다. 그러나 진짜 문제는 자신감이 지나치게 많은 사람이다. 이는 교만해지기 쉽고, 자기 자신을 과대평가한다. 또한 남들을 쉽게 무시하고 독단적인 행동으로 변질될 수 있다.

반면에 겸손의 사전적 의미는 남을 존중하고 자기를 내세우지 않는 태도이며, 어떠한 일을 처리할 때 혹시라도 실수할 수 있다는 걱정을 하면서 배우는 마음으로 최선을 다하는 것이다. 또한 자신이 충분히 할 수 있는 능력을 가지고 있음에도 능력 이하로 표현하는 것이다. 겸손해야 복을 받는다는 말이 있다. 반면에 겸손하지 못하면 타인으로부터 존경받기 어렵고, 겸손이 너무 지나치면 비굴해 보이며 자기 비하에 가까워 보이기도 한다. 자신감과 겸손함이 서로 상반되는 단어처럼 보이는 이유는 자신감이 지나치게 많을수록 겸손해지기 어렵고, 너무 겸손한 사람은 자신감이 없어 보이기 때문이다. 그러나 겸손함은 어떠한 일을 처리할 수 있는 능력을 가지고 있음에도 불구하고 먼저 말을 앞세우지 않는 것이지, 능력이 없는 사람을 겸손하다고 할 수는 없다. 그래서 자신감과 겸손은 달라 보이지만 같은 방향성을 가진 단어이기도 하다.

어떤 사람과 함께하느냐에 따라 결과가 다르다는 의미는 다시 말하면 어떤 사람과 일을 하느냐에 따라 개인이나 기업이 흥할 수도 있고 망할 수도 있다는 뜻이다. 기업이란 이윤을 목적으로 이루어진 집단이며, 이를 위한 모든 과정이 결국 사람에 의해서 이루어지기 때문이다. 우리가 원하는 인재상은 기업의 특성에 따라 다를 수밖에 없다. 그러나 앞에서 말한 자신감과 겸손은 어떤 조직에도 필요한 중요한 소양 중 하나이며, 자신감과 겸손함이 조화를 이루어야 조직의 성공 가능성이 높아진다. 자기 자신의 능력을 스스로 낮게 평가하고, 부족함을 노력으로 채운다는 마음으로 최선을 다하는 사람은 어떤 일에서도 성과를 만들어 낸다. 그러나 자신감이 과도한지, 또는 겸손한지를 판단하기는 쉽지 않다. 심지어 우리는 남을 평가힐 때보다 자기 자신에 내해 판단할 때 오히려 더 큰 오류를 범하기도 한다. 늘 최선의 선택을 한다고 믿기 때문에 자신의 생각이 최적화되어 있다고 여긴다. 과거 모 대기업 회장이 신규 사원 채용에 관상가까지 동원했다는 유명한 사례가 있다. 그만큼 겉모습만 보고 사람의 참된 성격을 알기는 어렵다.

살아가면서 자신감 넘치는 사람을 만나기는 어렵지 않다. 그러나 문제는 대부분 자신감이 과도하다는 것이다. 반면에 겸손한 사람은 단어가 무색할 정도로 찾아보기 쉽지 않다. 그만큼 자기 자신을 알리지 않으면 치열한 경쟁에서 살아남기 어렵기 때문일 수 있다. 그러나 자신감이 넘치는 사람에게 큰 기대를 할수록 실망하는 경우가 많다. 오히려 자신감이 없어 너무 조심스러운 사람이 덜 위험하다. 자신감이 지나친 사람은 능력 이상으로 자신을 평가하기 때문에 말과 결과가 다를 수 있기 때문이다. 수많은 짐승들이 숨어 있는 깊은 아마존 정글을 지나갈 때, 어느 짐승도 소리 내어 자신을 알리는 경우는 없다. 아무리 강하다고 해도 어딘가에 자기보다 강한 존재가 있을 수 있고, 또한 원하는 먹잇감이 도망갈 수 있기 때문이다. 자기 자신의 능력을 조금은 감추고 장점과 능력을 보이지 않는 사람이 늘 기대 이상의 결과를 보여 주며, 사람들로부터 존경과 칭찬을 받는다.

겸손한 사람이 강하다

—

다음으로 전할 사례는 이미 세상에 많이 알려진 이야기이다. P&G의 CEO인 A. G. 래플리^{Lafley}는 훌륭한 경영자가 갖추어야 할 소양으로 소박한 자신감을 강조했다. 자신의 능력 이상의 자신감을 갖지 말라는 것이다. 자신감이 너무 높으면 스스로의 부족함을 인지하지 못하고 배움에 노력하지 않기 때문에 결국 잘못된 판단을 내릴 수 있다. 코넬 대학교의 데이비드 더닝^{David Dunning} 교수와 당시 대학원생이었던 저스틴 크루거^{Justin Kruger}는 무능한 사람일수록 자신감이 높다는 사실을 실험으로 증명했다. 이것이 무능한 사람일수록 자신의 능력을 과대평가하며 남의 능력을 인식하지 못한다는 이론인 '더닝 크루거 효과^{Dunning–Kruger Effect}'이다. 무능한 사람이 높은 자신감 때문에 남보다 자신이 뛰어나다는 착각에 빠지게 되면 더 이상 스스로 노력하지 않아 능력이 정체되거나 퇴보하면서 무능한 상태로 남게 된다. 런던 대학교 교수인 토머스 차모로 프레무지크^{Tomas Chamorro-Premuzic} 교수도 자신감을 가져야 성공한다는 말은 착각이라고 단언한다. 자신감이 높은 사람은 현실을 왜곡해서 보는 경향이 크며, 자신에게 없는 능력이 있다고 믿는 환상에 빠지기 쉽다는 것이다. 찰스 다윈^{Charles Robert Darwin}의 "무지는 지식보다 더 확신을 하게 한다"라는 말과 우리말의 "서울 안 가 본 사람이 가 본 사람을 이긴다"와 같은 맥락이다.

대부분의 사람들이 과도한 자신감을 갖고 있는 것을 '평균 이상 효과Better-than-average Effect'라고 한다. 일종의 과대망상이다. 미국 노동자들의 90% 이상이 일반 평균 노동자보다 자신이 더욱 생산적이라고 생각하고, 미국인의 90% 이상이 자신의 운전 실력이 평균 이상이라고 믿는다고 한다. 또한 프랑스 남자들은 85%가 자신이 평균 이상의 좋은 애인이라고 대답했다. 잡코리아에 따르면 자신이 평균 이상의 우수한 인재라고 답변한 사람이 70%에 달했다. 통계 자료는 없지만 경험을 통해 생각해 보면 필자를 포함해 애널리스트나 펀드 매니저들 역시 대부분 자신의 분석 능력이나 운용 능력이 평균 이상이라고 믿는다. 여기서 중요한 것은 자신감 자체가 나쁜 것은 아니라는 점이다. 그러나 문제는 자신이 갖고 있는 능력 이상으로 과대평가하는 것이다. 자신감이 과도한 사람은 실패할 가능성이 높다. 물론 반대로 자신감이 낮은 사람이 성공할 가능성이 높다는 뜻은 아니다. 그러나 자신감이 낮은 사람은 자신의 능력과 현실을 인식하고 이를 극복하기 위해 노력하기 때문에 일을 망치거나 허황된 기대 또는 실망을 안겨 줄 가능성이 낮다.

　결국 스스로 자신감에 빠져 있는 사람은 주의의 평판을 무시하고 환상에 빠질 수 있다. 대기업 오너의 경우 특히 그렇다. 잘못된 오너 경영에 대해서 직접적으로 지적해 주는 사람이 적고, 이미 성공한 기업인으로서 자신감이 매우 높기 때문이다. 이러한 환상은 정치에서는 독재로 나타나고, 기업에서는 독단적인 경영 판단을 가져온다. 결국 불행으로 끝나는 경우가 많다. 2002년 노벨 경제학상을 받은 대니얼 카너먼Daniel Kahneman 교수는 과도한 자신감이 2008년 금융 위기의 원인이라고 주장했다. 반대로 말하면 낮은 자신감은 성공을 위한 노력의 원동력이 될 수도 있다. 지속적으로 성장하고 어려운 시기에도 잘 극복하는 기업과 리더는 늘 위기와 부족함을 껴안고 살아간다.

성공하는 기업의 자세

—

앞서 언급했듯이 경쟁이 치열한 현대 사회에서 살아가는 우리는 겸손보다는 자신감이 높은 사람에게 현혹되기 쉽다. 자신이 처한 상황이 힘들수록, 또는 기업이 어려울수록 자신감 있는 사람을 선호한다. 사람이나 기업이나 힘들면 누군가에게 의지하고 싶어지기 때문이다. 지난 2024년 천만 관객을 넘어선 영화 〈서울의 봄〉에서 이런 대사가 나온다. "인간은 강력한 누군가가 자기를 리드해 주길 바란다." 여기서 인간이란 나약하고 어려운 상황에 처했을 가능성이 높다. 어렵고 힘들수록 자신감 넘치는 사람을 조심해야 하는 이유이다. 반면에 겸손한 사람은 자신감이 없어 보이고 쉽게 알아보기도 어렵다. 따라서 겸손한 사람보다 자신감이 과한 사람에게 기회가 더 많이 주어지는 것이 일반적이다. 그러나 자신감이 넘치는 사람은 실망으로 끝을 맺는 경우가 많고, 반면 겸손한 사람에게 실망하는 경우는 드물다. 겸손한 사람은 늘 자기 능력 이하로 표현하기 때문이다. 기업 입장에서 보면 자신감에 넘친 기업은 과감한 신규 사업을 진행하고, 이해하기 어려운 의사 결성을 무리하게 진행하는 경우가 종종 있다. 운이 좋아서 어쩌다 한두 번 성공할 수는 있지만 기업의 능력 이상으로 계속 무리한 의사 결정을 한다면 언젠가는 위기에 직면한다.

따라서 기업들 간의 경쟁이 더욱 치열해질수록 자신감 넘치는 기업보다는 겸손한 기업이 성공할 가능성이 높다. 겸손한 기업은 회사의 능력을 인지하고, 불확실한 미래를 위기 의식으로 접근하기 때문에 실수할 가능성이 낮다. 또한 소비자들은 겸손한 기업, 겸손한 CEO를 좋아하고 존경한다. 겸손한 기업은 소비자의 평판에 주의를 기울이며, 경쟁사나 다른 사람들에게 위협으로 인식되는 일이 줄기 때문이다. 그러나 자신감이 넘치는 기업은 제품과 기술력, 인재에 대한 자신감으로 소비자를 무시하고 하청 업체를 업신여긴다. 결국 소비자가 원하는 제품보다는 경영자가 원하는 제품을 생산할 가능성이 높아진다. 사회적으로 이슈가 되었던 갑의 횡포도 어찌 보면 지나친 자신감에서 기인한 것이다. 결국 기업이 흔들리지 않고 지속적인 성장을 유지하기 위해서는 리더와 기업이 지나친 자신감보다는 겸손한 태도로 소비자와 사회로부터 존경받을 수 있어야 한다.

경영에 있어서 가장 중요한 것은 이익을 극대화하고, 어떤 상황에서도 손해 보지 않도록 노력하는 것이다. 기업뿐만 아니라 사회를 살아가는 우리들도 마찬가지이다. 우리가 끊임없이 고민하고, 상대를 설득하고, 남보다 더 좋은 교육을 받기 위해 노력하는 이유는 어찌 보면 손해 보지 않기 위해서이기도 하다. 하지만 아이러니하게도 우리는 조금도 손해 보려 하지 않고 공짜만 찾는 사람은 좋아하지 않는다. 조금은 손해 볼 줄 알고 남에게 양보할 줄 아는 사람, 그리고 타인이 어려운 일을 겪으면 먼저 도와주려는 사람을 좋아한다. 여기서 중요한 것은 스스로 손해 보고 양보하는 사람은 약한 사람이 아니라는 점이다. 경쟁에서 지거나 약해서 물러서는 것은 양보가 아니다. 손해 보지 않을 수 있는데도 스스로 한 걸음 뒤로 물러서는 것이 양보이다.

중국에 양보와 관련된 유명한 이야기가 있다. 청나라 때 장씨와 오씨 두 집안은 담을 맞대고 사는 이웃이었다. 어느 날 오씨 집안에서 새로 집을 지으면서 만든 담이 장씨네 땅을 석 자 넘어오면서 두 집안에 분쟁이 발생했다. 장씨 집안은 높은 벼슬자리에 있는 아들 장영에게 편지를 썼으나 오히려 장영은 집안을 설득하여 장씨 집안에서 담을 석 자 물러서 쌓기 시작했다. 이에 오씨 집안도 부끄럽게 생각하고 집의 담장을 석 자 뒤로 물러서 쌓았다고 한다. 이렇게 해서 사람이 다닐 수 있는 여섯 자의 골목이 생겼으며, 이 길이 육척항六尺巷이다. 이 골목은 지금도 중국의 안시성에 있으며, 많은 중국인들이 즐겨 찾는 명소가 되었다. 1956년에 마오쩌둥毛澤東은 소련 대사를 만나 육척항을 설명하고 서로 양보와 화합을 강조할 때 인용했다고 한다. 이처럼 한 걸음 양보하는 것은 결코 손해 보는 일이 아니다. 어떤 일에 부딪쳐 스스로 한 걸음 물러나면 한 걸음 나갈 여유가 생긴다. 스스로 먼저 베풀고 양보하는 것이 자신을 높이는 행동이며, 그로 인해 남도 나를 너그럽게 대할 것이다.

존경은 양보에서 나온다

—

기업이 고객으로부터 신뢰를 얻기 위해서는 먼저 양보해야 한다. 좀 손해가 발생하더라도 고객에게 베풀고자 하고, 이슈가 발생할 때에도 기대를 넘어서는 보상과 사과를 한다면 오히려 부정적인 이슈가 긍정적인 이슈로 전환되어 신뢰를 크게 얻을 수 있다. 또한 이익의 일부를 사회에 환원하고 사회적 책임을 다하는 기업은 고객으로부터 존경받는다. 그러나 어떠한 상황에서도 손해 보지 않기 위해 고객과 싸우는 기업은 대중으로부터 사랑을 받기 어렵다. 인터넷의 발달로 기업의 비리나 부패, 이기주의 등 윤리적이지 못한 행동을 숨기기 어려워졌고, 조금의 이익을 두고 벌이는 분쟁도 대중들에게 빠르게 확산된다. 워런 버핏이 "명성을 쌓는 데는 20년이 걸리지만 잃는 데는 5분도 걸리지 않는다"라고 말한 것과 상통한다.

기업의 가장 큰 역할은 이익을 창출하고, 직원을 고용하여 관리하고, 정부에 세금을 잘 내는 것이다. 이것만 잘하면 국가와 사회에 역할을 다한다고 생각하는 경우가 많다. 그러나 사회에 기여하지 않는다면 건강한 기업도 존재할 수 없다. 기업이 이익만 추구하고 사회에 도움이 되지 않는다면 지속적인 성장이 어렵다. 따라서 기업들도 지역 사회 등에 이익을 양보하고 베풀어야 한다. 이것이 기업의 사회적 책임(CSR, Corporate Social Responsibility)이다. 사회적 책임에 적극적인 기업은 기업의 가치와 직원의 가치가 공유될 수 있으며, 직원들이 스스로 즐겁게 일하는 직장이 될 수 있다. 그러나 사회적 책임에도 한계가 있다. 사회적 책임은 기본적으로 기업이 착한 일을 하는 것인데 자본이 수반된다. 또한 기업의 특성이나 비전에 관련되지 않으며 단기적으로 끝나는 경우가 많다. 이를 보안하기 위한 것이 하버드 대학교의 마이클 포터$^{Michael Eugene Porter}$ 교수와 FSG의 공동 창업자 마크 크레이머$^{Mark R. Kramer}$가 발표한 공유 가치 창출(CSV, Creating Shared Value)이다. 공유 가치 창출은 양보한다는 측면에서 보면 사회적 책임과 비슷하나, 크게 다른 것은 사회 참여를 기업의 장기적인 발전과 경쟁력 향상을 위한 투자로 여긴다는 것이다. 기업은 주주의 이익 극대화에 머물지 않고 직원, 협력업체, 지역 사회와 국가 등 기업을 둘러싼 다양한 이해 관계자들의 이익까지 생각해야 한다. 공유 가치 창출이란 결국 남을 우선적으로 돕고 잘됨으로써 그 결과가 자신에게도 혜택으로 돌아올 수 있다는 전략이다.

사회적 책임은 또 다른 투자

—

그렇다면 어떤 기업이 성공할 수 있을까? 답은 이미 나와 있다. 기업을 경영하고 기술을 개발하고 경쟁사와 치열한 생존 경쟁을 하는 것은 주주가 아니라 직원과 협력 업체이며, 제품을 구매해 주는 것은 고객이다. 결국 일부 오너의 이익 극대화에만 몰입하고 실제로 회사의 운명을 결정짓는 조직원과 협력 업체, 지역 사회, 고객 등에 소홀히 한다면 그 기업은 유지되기 어렵다. 또한 기업이 악착같이 이익만을 위해 고용을 적게 하고 지역 사회보다는 값싼 노동력을 찾아다니며 사회적 책임을 다하지 않는다면 존경받기 어렵다. 직원, 협력사, 고객, 심지어는 경쟁사로부터 존경받는 기업이 되어야 한다. 존경받는 기업은 직원들이 즐겁게 일하고, 구매 활동을 하는 고객으로 이어진다. 결국 단기적인 이익보다는 먼저 양보하고 사회에 베푸는 기업이 모든 이에게 존경받고 지속 성장이 가능해질 것이다.

노블레스 오블리주와
행복의 상관관계

영국의 자선지원재단(CAF, Charities Aid Foundation)은 2010년
부터 매년 세계기부지수World Giving Index를 발표한다. 낯선 사람을
도운 경험, 기부를 해 본 경험, 자원봉사 시간 등을 수치화해서
국가별로 순위를 매긴다. 세계 최빈국 중 하나인 미얀마가 2014
년부터 4년 연속 1위를 했고, 2018년부터 지난 2023년까지 인
도네시아가 6년 연속 1위를 했다. 2위는 전쟁 중에 있는 우크라
이나, 3위는 케냐, 4위는 세계 최빈국이자 저개발국인 라이베리
아였다. 미얀마는 6위를 했다. 선진국 중에는 미국이 5위를 차지
했다. 인도네시아, 미얀마 등이 기부 지수 상위를 지키고 있는 데
에는 종교적인 이유가 크다. 인도네시아는 인구의 90%가 이슬람
신자로, 자선의 의무인 '자카트'를 철저히 지키고 있고, 미얀마는
소승 불교의 영향으로 사찰 기부와 시주 문화가 있다. 국민 모두
가 종교적인 이유로 기부를 많이 한다. 이런 종교적인 이유와 특
수한 경우를 제외하면 기부 지수가 가장 높은 국가는 미국이다.
　세계적으로 기부 활동을 가장 활발히 한 인물로 기억되는 앤

드루 카네기Andrew Carnegie와 존 록펠러John Davison Rockefeller도 모두 미국인이다. '철강왕'으로 유명한 카네기는 대부분의 재산을 사회에 기부했고, 가족에게는 기부 금액의 3%만 남겼다. 그가 지역 사회에 기증한 도서관은 2,500여 개에 달하며 그 외에도 미술관, 박물관, 음악홀 등을 지었다. 그는 생전 "부자로 죽는 것은 부끄럽고, 재산을 남긴 채 세상을 떠난다면 죽음을 추모해 줄 사람은 아무도 없을 것"이라 말했다. 같은 시대를 살았던 기업인 존 록펠러도 마찬가지이다. 그의 회사는 한때 미국 정유소의 95%를 지배하며 독점 기업이라는 비판도 있었으나, 1892년 당시 6천만 달러를 출연해 명문 시카고 대학교를 설립했다. 록펠러 의학 연구소와 록펠러 재단도 그의 기부금으로 조성되었으며 이를 통해 병원, 학교, 교회 등을 지역 사회에 기증했다.

미국 부자들의 기부 활동은 현재 진행형이다. 20대에 백만 장자가 된 미국의 페이스북 창립자 마크 저커버그Mark Zuckerberg는 2013년에는 9억 9,220만 달러(약 1조 원)를 기부하면서 세계 기부 순위 1위에 올랐다. 2015년 12월에는 자신의 재산 450억 달러(약 52조 원)의 99%를 기부할 것이라고 밝혔다. 그는 최근 인터뷰에서 "지금 당장 좋은 일을 하고 싶다"라고 말했다. 젊어서 부를 먼저 획득하고 나이 들어 기부하는 것이 아니라, 부를 얻음과 동시에 기부를 실천하고자 하는 것이다. 또한 세계 최고의 부자 중 한 명인 빌 게이츠Bill Gates도 재산의 95% 이상을 기부할 예정이며, 워런 버핏 역시 재산의 99%를 사회에 환원하겠다고 밝혔다. 워런 버핏은 개인 재산의 기부를 넘어 기부 문화를 주도하

는 인물이다. 그는 전 세계 부자들을 대상으로 죽기 전까지 재산
의 반 이상을 기부하자는 'The Giving Pledge' 캠페인을 주도
하고 있다. 이 캠페인은 워런 버핏과 빌 게이츠가 2010년에 설립
한 자선 단체로, 10억 달러(약 1조 원) 이상의 자산을 보유하고 있
으면서 재산의 절반 이상을 기부해야 가입할 수 있다. 오라클 창
업자 래리 엘리슨Larry Ellison, 전 뉴욕 시장 마이클 블룸버그Michael
Rubens Bloomberg, 아이컨 엔터프라이즈의 창업자 칼 아이컨Carl Icahn,
MS 공동 창업자인 폴 알렌Paul Allen, 일론 머스크도 'The Giving
Pledge'의 회원이다. 이 캠페인을 통해 전 세계 25개국 부자들이
재산의 반 이상을 기부하겠다고 서약했고, 국내에서는 배달의민
족 창업자인 김봉진 의장이 219번째로 등록했다.

　이 같은 미국 부자들의 적극적 기부 활동은 국가 정책에도 큰
영향을 미치고 있다. 2001년 당시 부시 전 미국 대통령은 경제
부흥을 위해 상속세 폐지를 추진했다. 그런데 당시 미국의 '책임
을 다하는 부Responsible Wealth'라는 단체에서 이를 반대했다. 상속
세 폐지는 부자들로 하여금 사회적 책임을 다하지 못하게 할 뿐
만 아니라, 부의 분배 기능을 약화시킨다는 이유였다. 이 단체는
미국의 상위 700여 명으로 구성된 부자들의 모임이며, 우리가
잘 아는 조지 소로스George Soros, 빌 게이츠, 워런 버핏 등이 속해
있다. 이들은 한목소리로 부자들에게 혜택을 주지 말아야 한다
고 주장한다. 특히 워런 버핏은 "상속세 폐지는 2000년 올림픽
금메달 리스트들의 장남들을 뽑아 2020년 올림픽 대표 팀을 구
성하는 것과 비슷하다"라는 말을 했을 정도이다.

졸부와 부자의 차이

—

그렇다면 부자들은 왜 이토록 기부에 적극적일까? 그들은 재산 형성의 원천을 개인의 역량보다는 사회 시스템의 혜택으로 인식한다. 사회에 빚을 졌다는 일종의 부채 의식이다. BOK Financial의 회장 조지 카이저George Kaiser는 'The Giving Pledge'에 서약한 이유로 죄책감을 들었다. 그는 100억 달러에 달하는 재산 형성이 자신의 자질보다는 놀랄 만한 행운이 따랐기에 가능했다고 말한다. 수많은 근로자들을 통해 사회에서 번 돈이므로 다시 사회에 환원하는 것이 마땅하다고 여기는 탓에 부자들의 기부 형태는 단지 자금을 출연하는 것을 넘어서서 병원, 학교, 도서관 건립 등 사회적 효용을 높이는 방법으로 전개되고 있다. 둘째로는 후손들의 삶이 막대한 재산 때문에 훼손되는 것을 원하지 않기 때문이다. 그들은 본인의 성공 이유로 '강한 성취 동기'를 꼽는데, 성취 동기는 결핍에서 나온다. 실제로 러시아 광산 재벌인 블라디미르 포타닌Vladimir Potanin은 너무 많은 재산이 자식들에게 성취 동기를 빼앗아 간다며 모든 재산을 사회에 환원하기로 약속했다. 선진국의 주요 기업들이 소유와 경영을 분리해 전문 경영인을 선임하는 대리인 제도가 발달한 이유도 여기에 있다.

한국의 기부 문화는 어떨까? 우리나라도 많은 사람들이 기부 활동을 하고 있으며, 이는 액수와 상관없이 매우 소중한 행위이다. 그러나 여기에서 언급하고 싶은 것은 부자들의 기부 활동이다. 사회에서 리더 역할을 하는 부자들의 기부 활동으로 인해 통합을 이루고, 양극화 해소에도 도움이 되기 때문이다. 반면에 사회 리더들은 행동하지 않으면서 일반인들에게만 봉사와 기부를 강요한다면 그 사회는 통합되기 어렵고 불신이 확대될 것이다. 그렇다면 우리나라 부자들은 어떠한가? 지난 2016년 최순실 국정 논란 청문회에 참석한 기업인들을 보면 대부분 국내 최고 기업의 경영진이면서 부자들이고, 이들 중에는 구속 경험이 있는 기업인들도 많았다. 특히 대부분 창업자의 2세 혹은 3세들이었으며, 일부는 상속세를 피하기 위해 비상장 자회사 지분을 통해 상속한 것을 국민들은 알고 있다. 만약 죄를 지어도 경영 공백을 이유로 국민들은 이들의 안위를 걱정하고, 경영에 복귀하면 언론은 국가 경제의 숨통이 트인 것처럼 보도한다.

그럼 이들은 사회적 책임을 다하고 있는 걸까? 물론 이들도 기부를 한다. 그런데 개인의 기부가 주를 이루는 외국과 달리 우리나라는 법인인 경우가 많다. 법인의 재산은 사재와 구분된다. 엄밀히 말해 법인 기부는 부자의 사회적 책임 활동으로 보기 어렵다. 실제로 법인 기부는 사회적 관심이 높은 이벤트로 집행되는 경우가 많으며, 기업의 간접 홍보용으로 활용하는 경우도 없지 않다. 심지어 법인 기부가 해당 기업의 재벌 총수 개인의 기부 활동으로 오해를 불러일으킬 가능성도 있다. 기부의 정의를 한 개인이 사회로부터 축적한 부를 사회에 환원하는 의미라고 본다면 법인 기부와 개인 기부는 명확하게 구분할 필요가 있다.

그래서인지 앞서 언급한 세계 기부 지수 기준으로 보면 한국은 중하위권에 머물러 있다. 그나마 60위대를 유지하다가 지난

2022년에 88위로 하락했나. 경세 규노를 삼안했을 때 기부에 상당히 인색한 나라인 셈이다. 이런 결과가 놀랍지 않은 이유는 한국 부자들의 관심이 재산의 사회 환원보다 상속에 있기 때문이다. 한국의 재벌 기업들은 전후 정부의 막강한 지원과 국민의 애국적 소비를 통해 부를 키웠음에도 2세에게 기업을 물려주기 위해 세금을 줄이고, 기업을 분할 및 합병해 왔다. 일부 기업들은 정부로부터의 혜택을 유지하기 위해 회사 자금을 유용하기도 한다. 만약 그로 인해 법적인 제재를 받게 될 경우 여지없이 경영 공백이 가져올 한국 경제와 기업을 걱정해달라고 호소한다.

존경받지 못한 부자들은 사회적 비용
—

우리나라의 많은 대기업들은 상속을 위한 불법 상속, 차명 계좌, 세금 탈루 등 많은 문제를 일으켜 왔다. 국내 대표 기업인 삼성을 비롯하여 많은 기업들에서 정상적인 상속이 이루어지지 않았다는 것은 뉴스를 통해서 확인할 수 있다. 비상장 자회사와의 합병, 오너 지분이 높은 기업 몰아주기 등 합법과 불법을 오가는 경우가 많았다. 또한 자사주 매입 소각도 단순히 주주를 위한 것으로 보이지 않고, 경영권 강화 등 오너의 필요에 의해서 이루어지는 경우가 많다. 이러한 것들이 모두 비용이다. 한 명의 상속인을 위해 너무 많은 사회적, 국가적 비용을 지불하고 있는 건 아닌지 모르겠다. 기업의 경영에 있어서도 오너들은 책임을 지지 않

는다. 기업의 이익이 줄어들 경우 자신의 경영 능력에 대한 평가
는 하지 않고, 하청 업체에 단가 인하와 기업 내 구조 조정으로
근로자들과 국민들을 불안하게 하는 것을 당연한 경영 기법으로
생각한다. 오죽하면 국내 대기업의 하청 기업들은 이익이 나는
것을 오히려 두려워하는 경우가 많다. 이익이 발생하면 바로 단
가 인하의 압력이 들어오기 때문이다.

아이러니하게도 재벌들의 자산 대물림이 거듭될수록 기업가
의 상속 의지는 더욱 강화된다. 창업자의 자산 형성 과정에 후
손들의 기여가 매우 낮기 때문에 상속자들은 상속 자산을 개인
의 자산이 아닌 집안의 자산으로 인식해 온전히 후대에 물려주
어야 한다는 의무감을 갖게 된다. 선대에게 받은 부를 다시 자식
에게 물려주기 위한 노력이 경영의 최대 과제가 되는 것이다. 그
런 의미에서 변화하는 시대에 따라 새로운 기업이 탄생되어야 하
고, 새로운 부자가 나와야 한다. 이미 태어날 때부터 계층이 나
누어진다면 귀족 사회와 현대 사회는 다를 게 없다. 금수저나 흙
수저 같은 신계급론도 부의 자산 대물림에서 시작된 개념이다.
우리 사회가 더욱 건강하고 강한 국가가 되기 위해서는 사회의 리
더들이 우선적으로 모범을 보여야 한다. 사회의 상위 리더들이 불
법에도 죗값을 치르지 않고 국민들에게만 애국심과 희생을 강조
한다면 대한민국의 미래는 없다. 리더들이 먼저 그들을 만들어 준
사회에 감사하고 사회에 대한 책임을 다해 주길 바란다. 이것이 곧
우리 모두를 위한 길이다. 존경받는 기업, 존경받는 부자가 우리
사회에 많이 나와야 더욱 따뜻한 사회, 강한 국가가 될 수 있다.

우리는 무엇을 위해 사는가

—

얼마 전 퇴근길에 만난 대리 기사와 관련된 일화를 소개한다. 낮에는 기업에서 일하고 저녁에는 대리 기사를 하는 그는 높은 청년 실업률과 N포 세대라는 사회적 현실 속에서도 훌륭히 살아가는 청년이었다. 그러나 몇 마디 나눈 대화에 필자는 다소 실망을 할 수밖에 없었다. 그의 인생 목표가 아파트 구입이기 때문이었다. 요즘 세상에 부모로부터 물려받은 재산 없이 아파트를 매입하기란 쉽지 않다. 그의 입장이 이해가 되면서도 20대 청년의 꿈이 아파트 구입이라니 안타깝고 씁쓸했다. 하지만 대한민국을 살아가는 청년의 목표가 경제적 안정에 고정된 것을 그의 탓으로 돌릴 마음은 없다. 저성장과 높은 실업률, 상시 구조 조정, 그리고 높은 주거 비용 등을 감안할 때 아파트 보유는 많은 것을 이뤄 낸 결과일 수도 있다.

당신은 무엇을 위해 살고 있나? 개인마다 답이 달라질 게 분명한 이 질문에도 반박할 수 없는 명제가 있다. 바로 행복을 위해 살아야 한다는 것이다. 그럼 행복의 조건은 무엇일까? 여기에는 더욱 답이 없다. 행복의 조건은 현재 자신에게 부족한 것을 해결하는 부분에 초점이 맞춰져 있기 때문이다. 경제적 빈곤자에게는 돈, 몸이 안 좋은 사람에게는 건강, 외로운 사람에게는 곁에 있어 줄 친구, 취업 준비생에게는 일자리가 행복의 조건이 될 것이 자명하다. 행복의 조건은 자기 스스로가 정하는 것이다. 만약 당신이 경제적으로 풍요로워지면 행복하겠는가? 대개 이

질문에 그렇지 않다고 말할 수는 있다. 재산이나 연봉이 늘어난 만큼 행복해지지 않는다는 것을 우리는 늘 느끼며 산다. 그러면서도 한편으로는 경제적으로 풍요해지면 행복해질 수 있다고 믿는다. 아이러니하지만 행복의 조건 중 상당 부분은 경제적 풍요가 해결해 줄 수 있다. 조금 더 직설적으로 이야기하자면 경제적 풍요가 행복을 담보하지는 않지만, 경제적 빈곤 상태가 불행으로 이어질 수 있다는 사실은 명확하다. 그래서 경제적으로 풍요롭다면 최소한 불행해지지는 않을 것이라는 생각을 품는다. 사실 경제적 풍요는 행복이 아닌 '행복감'을 높이는 조건인데도 말이다. 그래서인지 과거 선인들이 정의하는 행복의 조건에는 경제적인 풍요가 빠져 있다. 고대 그리스 철학자 아리스토텔레스^{Aristoteles}는 행복을 자아실현이라고 정의했고, 독일 철학자 이마누엘 칸트^{Immanuel Kant}는 사랑하는 사람과 살면서 하고 싶은 일과 미래에 대한 희망이 있다면 행복하다고 정의했다.

행복의 조건

—

캐나다의 계량 경제학자인 존 헬리웰^{John F. Helliwell} 명예 교수는 처음으로 행복 경제학을 언급한 학자이다. 그를 책임자로 UN에서는 2012년부터 국가별로 행복을 점수화한 '세계행복보고서^{World Happiness Report}'를 발표하고 있다. 여기에서도 행복의 조건 중에 경제적 요소의 가중치는 높지 않다. 그만큼 행복에는 경제적인 것만으로는 해결되지 않는 요소들이 많다는 것이다. 2023년 세계행복보고서에서 우리나라는 10점 만점에 5.95점으로 세계 137개국 중에서 57위를 점했다. OECD 회원국 기준으로 보면 38개국 중에서 35위이다. 세계행복보고서의 국가별 순위 판단 기준은 크게 여섯 가지이다. 사회적 지원, 1인당 GDP, 삶의 선택, 관대성, 부패 인식, 기대 수명 등이다. 객관적 요소인 기대 수명과 1인당 GDP는 양호한 수준이지만 주관적 요소인 사회적 지원, 삶의 선택, 관대성, 부패 인식에서는 상대적으로 낮아 전체 순위가 하락했다.

사회적 지원이 낮다는 의미는 국민이 어려움에 처했을 때 도움을 받을 만한 곳이 별로 없다고 믿는 것이다. 사회 안전망의 부재이다. 삶의 선택이라는 기준을 보면 많은 사람들이 지금 하는 일에 만족을 못하고 있다는 뜻으로 이는 직업에 대한 불만족을 의미한다. 관대성이 낮다는 것은 주의에 따뜻한 사람이 없다는 뜻이다. 즉 사회가 개인화되고 있음을 의미한다. 부패 인식이 높다는 것은 그만큼 정부나 기업에 대한 부패가 높다고 생각하는 사람이 많다는 것이다. 이는 국가에 대한 신뢰 저하다. 결국 국민이 행복해지기 위해서는 1인당 GDP나 기대 수명과 같은 양적인 지표보다는 삶의 질적인 요소가 개선되어야 함이 분명하다. 세계행복보고서에서 1위부터 3위를 차지한 국가를 살펴보면 핀란드, 덴마크, 아이슬란드로 유럽 국가들이 차지하고 있다. 이 국가들은 세계적으로 경제 강국은 아니지만 사회 안전망과 사회 보장이 어느 나라보다 높고, 1인당 근로 시간은 낮다. 행복의 기준을 경제적 풍요에서 찾지 않아도 되는 나라의 국민들에게서 행복 지수가 높게 나오는 것이다.

개인의 삶의 이유가 행복 추구에 있다면 정부도 국민이 행복해지는 방향으로 정책과 판단의 기준을 바꿔야 한다. 경제적으로 부족한 사람에게는 복지를 통해 경제적 빈곤 상태로 진입하지 않도록 지원해야 한다. 몸이 아픈 사람은 충분히 치료를 받을 수 있는 제도를 만들어야 한다. 심지어 외로운 사람에게조차 정부가 사회적 시스템을 통해 옆에 있어 주어야 한다. 또한 사회에 대한 신뢰도를 높이기 위해서는 누구든 같은 환경에서 같은 노력을 할 경우, 같은 결과가 나오는 평등이 전제되어야 한다. 같은 일을 해도 정규직과 비정규직의 처우가 다른 사회라면 개인은 더욱더 경제적 안정에서 행복을 찾으려 할 것이다. 또한 정부의 역할은 국민이 어떤 곳에서 어떤 일을 하든 최소한의 먹고사는 문제를 해결해 주는 것이다. 그래야만 청년들의 직업 선택 기준의 1순위가 연봉이 아니라, 진정으로 하고 싶은 일이 될 것이다.

이제 우리 사회는 경제적인 성장을 이유로 정부와 기업이 개인의 행복에 희생을 강요해서는 안 된다. 20대 청년의 목표가 아파트 소유가 아닌 자신이 하고 싶은 일, 그것을 통해 사회에 어떤 기여를 하고 싶은지가 되도록 해 주어야 한다. 영국의 왕 에드워드 8세는 사랑하는 여인과 결혼하기 위해 동생인 조지 6세에게 왕위를 양보했다. 우리는 주변에서 자신이 진정으로 하고 싶은 일과 희망을 위해 모든 걸 버리고 새롭게 도전하는 사람들에 관한 뉴스를 보고 듣는다. 결코 쉬운 결정은 아닐 것이다. 때로는 엄청난 손해를 보기도 하고 실패가 자명해 보이는 길을 애써 돌아가기도 한다. 하지만 이마누엘 칸트가 정의한 행복 기준으로 보면 이들은 행복을 위한 현명한 판단을 내린 것임이 분명하다.

GREAT LEADER'S

INSIGHTS

—————— *for* ——————

STRONG ORGANIZATIONAL

P O W E R

| 2부 |

INSIGHTS

경제 속 경제

우리는 어떤 세상에서 살고 있나?

세계화란 경제, 사회, 문화 등 다양한 분야에서 국가 간 장벽이 사라지고 사람과 자본, 상품 등의 이동이 가능해지는 것을 말한다. 세계화가 진전될수록 국가 상호 간에 연관성과 의존도도 높아지면서 부지불식간에 서로에게 미치는 영향이 커지게 된다. 따라서 한 국가에서 시작된 관심사나 유행이 순식간에 전 세계로 전파되기도 하고, 문화뿐만 아니라 지구 반대편에서 일어난 사건 사고도 실시간으로 알 수 있다. 또한 글로벌 기업들은 금리가 싼 국가와 자원이 풍부한 지역에서 자본과 원자재를 확보하여 노동력이 싼 지역에서 생산함으로써 제품을 보다 저렴하게 대량 생산할 수 있게 되었다. 제품을 생산함에 있어서 단계별로 국제 분업이 이루어지고 있으며, 이를 글로벌 밸류 체인(GVC, Global Value Chain)이라고 한다. 어찌 보면 세계화의 핵심은 글로벌 밸류 체인의 완성이고, 우리는 세계 어디서나 가장 저렴하게 생산된 동일 품질의 제품을 구입할 수 있게 되었다. 이로 인해 세계는 팬데믹 이전까지 30여 년간 인플레이션의 우려 없이 풍요로운 시대를 살 수 있었다.

세계화로 가기 위해서는 선결 조건들이 필요하다. 첫째는 교통과 통신 등의 기술이 발달하면서 선박, 항공 등 교통수단이 편리해졌다는 점이다. 따라서 여행과 화물의 운송이 쉬워지면서 국제간 교역이 활발해질 수 있었다. 또한 인터넷 등 통신망의 기술 혁신으로 전 세계의 사회, 문화 등을 소비할 수 있게 되었다. 둘째는 세계적으로 민주주의를 기반으로 한 자본주의가 확대되었다는 점이다. 국가들은 정치적인 이념보다는 경제 발전을 우선시하는 경제 정책이 무엇보다 중요해졌다. 이에 따라 각 국가의 정부는 상황에 따라 자국 기업들의 해외 진출을 독려하거나 글로벌 기업 유치에 힘쓰고 있다. 셋째는 미국의 역할이다. 기업들이 국경을 넘어 대규모로 투자하는 것은 매우 어렵다. 투자한 국가의 갑작스런 전쟁이나 불안한 치안, 정치적 불안정 등으로 예상하지 못한 손실이 날 수 있기 때문이다. 그러나 미국이 세계 경찰 역할을 하면서 세계 질서가 확립되었고, 여기에 국제무역기구(WTO, World Trade Organization)의 설립으로 국가 간 무역이 자유롭게 이루어질 수 있도록 제도적으로 완성되었다.

세계화는 누구를 위한 것인가?

—

세계화는 언제부터 시작되었을까? 지구촌의 세계화는 우리가 생각하는 것보다 일찍 시작되었다. 15세기 이전까지만 해도 세계는 지역별로 서로 큰 영향을 받지 않았고, 몇 개의 부락으로 나누어져 있었다. 그러나 15세기에 들어서면서 항해술의 발전으로 유럽에서 아프리카를 거쳐 아시아로 가는 항로가 개척되었다. 처음으로 세계 일주가 가능해지면서 대항해 시대가 열리게 된 것이다. 세계화의 시작은 대항해 시대가 열리면서 서유럽 국가들이 군사력을 앞세워 자신들의 경제적 이익을 위해 식민지 침략에 들어가면서 시작되었다고 할 수 있다. 아프리카나 아시아로부터 노동력 확보와 자원 개발이라는 명목으로 착취하는 야만의 시기였다. 그러나 이러한 경쟁적인 식민지 쟁탈과 불균형한 국제 무역은 대공황(1929~1939)과 2차 세계대전(1941~1945)을 거치면서 마무리되었다. 2차 세계대전 이후 세계는 정치적인 이념으로 미국과 서유럽을 중심으로 한 자본주의와 소련 등을 중심으로 한 사회주의로 나누어졌다. 두 진영은 정치는 물론 경제, 사회, 문화 등 거의 모든 분야에서 분리되어 있었고, 상호 간의 교류도 거의 일어나지 않았다.

그러나 1990년대 초 소련의 붕괴와 함께 동구권의 자본주의에 따라 라이벌이 사라진 미국은 세계 패권을 차지하게 되었고, 막강한 경제력과 군사력을 기반으로 세계화는 다시 빠르게 발전하기 시작했다. 풍부한 자본과 기술력을 보유한 서방 국가들은 과거의 경험상 세계화가 자신들에게 유리할 것으로 판단했다. 따라서 관세 장벽 철폐를 통한 무역 활성화를 목적으로 국제무역기구를 1991년에 설립했고, 2001년 중국의 가입으로 세계화는 더욱 본격화되었다. 세계화는 서방 국가 측면에서 보면 더욱 쉽게 돈을 벌 수 있는 사업의 기반이었다. 앞서 언급한 것처럼 지금의 세계화는 1990년대에 본격화한 것이다. 그러나 2008년에 글로벌 금융 위기를 시작으로 세계화에 조금씩 금이 가기 시작했다. 자국의 이익을 위해 세계화를 적극 추진해 온 미국 등 서방 국가들이 더 이상 세계화가 자국에 도움이 되지 않는다고 믿기 시작하면서 탈세계화에 무게를 싣고 있다.

세계화로 인해 기술 유출, 실업률 상승, 무역 의존도 상승으로 경제 리스크가 확대되고, 중산층에 해당하는 노동자들이 큰 피해를 보고 있기 때문이다. 또한 세계화를 통해 미국 등 선진국들보다 더 큰 혜택을 받은 국가는 중국이고, 세계화가 지속될 경우 중국이 미국을 앞설 것이라는 전망이 나오면서 위기감도 확대되었다. 특히 미국이 가장 중요하게 생각하는 달러의 기축 통화 자리가 흔들릴 수 있다는 것이다. 미국 내 인플레이션을 명분으로 최근 몇 년간 금리 인상과 달러의 양적 축소가 진행되었다. 미국의 긴축은 저개발국과 이머징 국가에 큰 타격이 된다. 달러 강세로 인해 부족해진 달러로 어려움이 시작되기 때문이다. 스리랑카, 파키스탄이 경제적으로 어려워졌고, 세계 주요국들의 자국 통화 가치가 하락하고 있다.

또한 미국을 비롯한 선진국들은 지난 팬데믹을 겪으면서 마스크 등 위생용품의 품절 현상, 반도체 부족에 따른 자동차 생산 차질, 곡물 수출 제한 등으로 해외로부터 필요한 것들을 공급받는 것이 위험할 수 있다는 인식이 확대되었다. 따라서 이들은 자국 기업들의 해외 현지 공장을 다시 불러들이는 리쇼어링

Reshoring 정책을 시작하고 있고, 해외 기업들에게노 생산 공상을 자국에 구축하도록 요구하고 있다. 우리나라 대기업들의 최근 미국 투자가 사상 최고치를 기록한 것이 이를 뒷받침한다. 특히 영국은 오래전부터 산업 혁명을 통해 세계화에 앞장선 국가 중 하나였으나 브렉시트로 탈세계화의 상징이 되었다. 여기에 러시아의 우크라이나 침공으로 이제는 세계화가 끝났다는 말이 나오기 시작했다.

변화하는 세계에 빨리 적응해야

—

세계화와 탈세계화 중 무엇이 더 중요하다고 말하기는 어렵다. 세상은 시대와 상황에 따라 패권국에 유리한 쪽으로 흘러왔다. 세계화의 시작도 힘 있는 강대국들이 시작했고, 탈세계화 역시 그들의 주도하에 진행되고 있다. 세계대전 이후 이념으로 나누어졌던 세계는 이제 경제적인 논리로 다시 나누어질 가능성이 크다. 자국 우선주위와 세계 패권 전쟁, 팬데믹, 우크라이나 러시아 전쟁 등으로 이미 세계화는 후퇴를 시작했다. 우리나라 입장에서 보면 한국은 지난 30여 년간 세계화에 따른 수혜를 크게 본 국가 중 하나였다. 1950년대 초 전쟁 이후 부족한 자원과 여력이 없는 국내의 소비 시장만으로는 자생할 수 없었으나 세계화 흐름을 타고 수출 주도형 정책으로 크게 성장했다. 현재 우리나라는 경제 규모와 무역 규모에서 세계 10위권에 도달해 있다. 그러나 우리가 타고 온 세계화는 이제 끝나고, 미처 경험하지 못한 새로운 시대가 다가오고 있다. 급변하는 세계 환경에 정부와 기업들은 또 다른 선택의 기로에 서 있다. 과거 세계화에 동참하지 않으면 살아남기 어려웠다면 앞으로는 탈세계화에 어떻게 적응하느냐가 또 다른 30년을 좌우할 것이다.

기후 위기는 곧 세계 경제 위기

국제아동단체 세이브더칠드런Save the Children에 따르면 지난 2023년에 세계적으로 240여 건의 기후 재난이 발생했고, 이로 인해서 전년보다 30% 증가한 1.2만 명이 사망했다고 밝혔다. 구체적으로 보면 산사태와 산불로 인한 사망자는 각각 60%, 278% 증가했고, 폭풍우로 인한 사망자는 3배가 넘었다고 한다. 세계기상기구(WMO, World Meteorological Organization)는 재난 대비 시스템의 발달로 한 번의 기후 재난에서 발생하는 사상자는 줄었지만 50년 동안 전 세계 기상 이변 건수는 5배나 증가했다고 밝혔다. 결국 기후 변화에 따른 자연재해를 아무리 대비해도 피해를 막을 수 없다는 것이다. 언론을 통해 전 세계적인 기후 변화에 따른 재난 뉴스를 많이 접한다. 지난 2023년은 기후 관측 사상 지구의 온도가 가장 높은 해였다. 이에 따라 세계 곳곳에서 이상 폭염, 홍수, 가뭄 등으로 큰 피해가 일었다. 반년 동안 내려야 할 비가 단 6시간 만에 내리기도 하고, 미국 사막에서는 물난리가 나고, 대형 산불로 한국 면적의 1.5배가 잿더미로 변하기도 했다.

또한 파키스탄은 홍수로 나라 전체의 3분의 1이 물에 잠겼고, 방글라데시는 해수면 상승에 따른 바닷물 유입으로 농지를 쓰지 못하게 되었다. 동남아 국가들은 한여름 온도가 40도를 넘어서는 날이 지속되면서 도저히 생활할 수 없는 수준의 날이 많았다. 50도에 달할 경우 생물학적으로 사람이 살 수 없다. 또한 향후 태평양에 위치한 작은 섬나라들이 아예 없어질 가능성도 커지고 있다.

이러한 문제는 먼 나라의 이야기가 아니다. 한반도의 바다 온도가 최근 4~5도 상승하면서 어획량이 크게 감소하고 있다. 또한 감사원에 따르면 8년 뒤에 매년 6억 톤 이상의 물이 부족할 것으로 예상되고 있다. 이는 서울에서 소비되는 수돗물의 60%에 해당하는 수준이다. 또한 12년 뒤에는 식량 수급에도 차질이 우려된다는 보도가 있었다. 그 외에도 기후 변화에 따라 쌀 생산량이 향후 20% 정도 감소할 것으로 예상하고 있고 수입에 의존하고 있는 밀, 콩, 옥수수 등도 수출국의 생산이 줄면서 12년 후에는 수출이 각각 34%, 63%, 26% 감소할 것으로 예상하고 있다. 세계 곳곳의 기후 변화에 어떤 나라도 자유로울 수 없다.

세계는 어떤 준비를 하고 있나
—

사람은 인체 온도가 올라갈 경우 각종 질병에 시달리고 심하면 사망이 이른다. 일반적으로 평균 온도보다 1도 높을 경우 몸의 이상을 느끼고, 2노가 상승할 경우 약을 먹거나 병원에서 지료를 받아야 한다. 3도 이상 올라가면 사망에 이를 수 있다. 우리가 살고 있는 지구도 마찬가지이다. 지구는 산업화 혁명 이후 지금까지 1도가 상승했다고 한다. 전 세계가 2도를 넘기지 않기 위해서 노력하고 있는 상황이다. 2도를 넘어설 경우 지구는 파국에 달할 수 있고, 바다의 산호초가 사라지면서 어류 등의 생물 다양성이 붕괴되고, 바다로부터 얻을 수 있는 어획량도 크게 줄 것이다. 그뿐만 아니라 식량 문제로 7억 명의 난민이 발생할 것으로 예측되며, 별다른 노력이 없다면 2100년에 지구 온도는 3.7도, 해수면 높이는 63센티미터 상승할 것으로 보인다. 우리의 후손들에게 그야말로 재앙이 될 가능성이 높다. 전문가들은 3도를 넘어설 경우 극단적으로 지구 문명이 붕괴될 가능성이 있다고 지적한다.

　국제 사회가 기후 변화에 대응하기 위해 지적하고 있는 것은 대표적인 온실가스인 이산화탄소, 메탄 등 6가지이다. 온실가스 감축은 석탄 등 화석 연료 사용을 줄이는 것 외에 별다른 방법이 없다. 문제는 어느 한 나라의 노력만으로 지구 온난화를 해결하기 어렵다는 데 있다. 1992년 브라질의 수도 리우데자네이루에서는 세계 온난화 문제를 해결하기 위해 기후변화협약을 체결했음에도 불구하고 오히려 지구 온난화는 더욱 심해졌다. 국가 간 경제 개발 속도가 다른 만큼 온실가스 배출량을 합의하고 준수하기 어려웠기 때문이다. 그보다 구체적인 협약을 위해 나온 것이 교토의정서 Kyoto Protocol이다. 교토의정서는 1997년 12월 일본

교토에서 채택된 기후변화협약을 말한다. 교토의정서에 따르면 온실가스 배출량의 반 이상을 차지하고 있는 선진 38개국은 온실가스 저감 목표를 2008년부터 2012년까지 1990년 수준의 평균 5.2% 이상을 줄이기로 했다. 하지만 교토의정서의 효과도 미미했다. 대표적인 나라가 한국이다.

한국은 교토의정서 합의 당시 개발 도상국으로 분류되어 온실가스 배출 감소 의무에서 유예되었다. 그러나 한국은 1990년부터 2000년 온실가스 누적 배출량 세계 11위, 1990년부터 2005년 배출 증가율은 OECD 국가 중 1위를 차지했다. 세계 이산화탄소 배출량의 28%를 차지하고 있던 미국은 자국의 산업 보호를 위해 2001년 교토의정서를 탈퇴했다. 이후 일본, 캐나다, 러시아, 뉴질랜드 등도 연이어 탈퇴했다. 특히 중국과 인도는 세계 온실가스 배출량 순위에서 각각 1위와 3위를 차지하고 있었으나, 개도국이라는 이유로 의무 대상 국가에서 배제되었다. 이러한 교토의정서의 한계를 극복하기 위한 새로운 국제 협약이 2016년 11월에 합의된 파리기후변화협정Paris Climate Change Accord이다. 파리기후변화협정은 대상국이 과거 38개국에서 195개국 모든 국가로 확대되었다. 또한 5년마다 감축 여부를 점검하는 동시에 상향된 감축 목표를 제출하기로 되어 있다. 세계적으로 첫 구속력이 있는 파리기후협약이 의미 있게 지켜진다면 화석 연료를 사용하는 자동차, 발전소 등 산업 곳곳에서 탄소 감축 규제가 강화될 것이며, 이를 극복하기 위해 신재생 에너지 등 친환경 산업 투자가 확대될 것으로 전망된다.

어떻게 온실가스를 줄일 것인가

—

세계적으로 온실가스 감축을 위해 다양한 제도를 도입하고 있다. 석탄 등 화석 연료 사용을 규제하는 탄소세, 탄소 배출권을 도입하고 있고, 태양광, 풍력 등 친환경 산업 육성을 위해 신재생 에너지 공급을 의무화하고 있다. 여기서 탄소세란 탄소 배출에 따른 세금을 부과하는 것이다. 탄소 배출권은 기업이 목표치 이하로 탄소 배출을 할 경우 남는 배출권을 필요한 기업에 팔 수 있는 제도를 말한다. 선진국 등 대부분의 국가들이 도입하고 있는 것은 탄소 배출권이다. 왜냐하면 배출량을 규제하지 않는 탄소세와 달리 국가별로 정해진 탄소 배출량을 지키기 위해서는 탄소 배출권 제도가 목표 달성에 용이하기 때문이다. 특히 탄소 배출권은 수요와 공급에 따라 가격이 변동하기 때문에 국가가 목표로 하는 탄수 배출량 감소를 관리하기 수월하다. 물론 산업이 고도화되고 기술 개발을 통해 에너지 고효율성을 실현하여도 탄소 배출을 무제한 줄일 수는 없다. 화석 연료를 사용하는 한 기업 수가 증가하고 산업 규모가 확대되면 어느 순간에는 절대 감축량을 넘어서기 때문이다. 결국 정부는 근본적으로 화석 연료를 대체할 수 있는 신재생 에너지 비중 확대에 노력할 필요가 있다.

이러한 신재생 에너지 사용 확대에 크게 기여하고 있는 것이 있다. 지난 대선에서도 이슈가 되었던 RE100[Renewable Electricity 100%]이다. 영국의 다국적 비영리기구인 더클라이밋그룹[The Climate Group]

과 탄소 정보 공개 프로젝트^{Carbon Disclosure Project}라는 단체의 주도
로 2014년부터 시작됐다. RE100은 2050년까지 기업이 사용하
는 모든 에너지를 재생 에너지로 대체하자는 국제적인 캠페인이
다. 국제 기구나 정부 주도가 아니기 때문에 글로벌 기업들의 자
발적인 참여로 진행되고 있다. 최근까지 글로벌 기업 400여 개가
참여했으며, 2020년부터 참여하기 시작한 국내 기업도 30여 개
에 이른다. 국내 기업들 중에서는 삼성, SK 등이 참여하고 있고
글로벌 기업으로는 애플, BMW, 구글, 나이키, 스타벅스, 이케아
등이 참여하고 있다. RE100은 2050년을 달성 목표로 하고 있지
만 구글, 레고, 애플, 메타 등 60여 개 기업은 이미 RE100에 도
달한 상태이다.

67개국 중 64위

—

파리기후변화협정에 따라 참가국들은 온실가스 감축 목표를
세워야 한다. 우리나라는 2030년까지 2018년 대비 40% 감축하
기로 결정했고, 2050년까지 탄소 배출량 제로를 목표로 하고 있
다. 현실적으로 쉽지 않은 수준의 목표를 정한 이유는 앞으로 더
욱 강력해질 것으로 보이는 글로벌 환경 규제에 대해서 선제적으
로 대응하기 위해서이다. 우리가 먼저 탄소 제로에 가까워질수록
국가와 기업들의 경쟁력에 도움이 될 것이다. 우리나라의 전체
온실가스 배출량의 90% 이상을 점하고 있는 전환, 산업, 건물,

수송 등 주요 4대 부문의 2018년 온실가스 배출량은 6.78억 톤 이었다. 다행히 각고의 노력으로 온실가스 배출량은 소폭 줄어들고 있는 상황이다. 지난 2022년에는 6.06억 톤이었고, 2023년에는 5.89억 톤으로 추정된다. 그러나 2030년까지 40%를 감축하기에는 속도가 너무 느리다.

그뿐 아니라 최근 시민 단체에서 발표한 기후 변화 대응도 하위권이었다. 2023년 12월 제28차 유엔기후변화협약 당사국 총회2023 United Nations Climate Change Conference COP28가 두바이에서 개최되었고, 이와 함께 기후변화성과지수(CCPI, Climate Change Performance Index)의 국가 순위를 발표했다. 세부 항목은 온실가스 배출, 재생 에너지, 에너지 소비, 기후 변화 정책 등이다. 전체 67개국에서 한국은 64위로 산유국을 제외하면 가장 낮은 국가로 평가되었다. 2022년에는 60위였으나, 2023년에는 네 계단이나 하락했다. 이에 반해 중국은 51위, 일본은 58위를 기록했다. 재생 에너지 측면에서 보면 우리나라는 OECD 국가 중에서 가장 후진국이다. 이유는 간단하다. 세계 재생 에너지 가격은 지속적으로 하락하고 있는 반면 우리나라는 아직도 재생 에너지가 비싸기 때문에 사용이 늘지 않기 때문이다.

다시 말하면 우리나라의 순위가 낮다는 것은 석탄, 석유 등 화석 연료 사용이 높아 결국 온실가스 배출이 높다는 의미이다. 또한 태양열과 풍력 등 신재생 에너지 생산과 활용이 적고 물과 전기 등 에너지 낭비가 크며, 기후 변화 대응 정책이 약화되고 있다. 문제는 신재생 에너지에 대한 경쟁력이다. 세계 최고 수준의 국내 태양광 산업은 내리막길에 있고, 세계 태양광 패널과 웨이퍼는 대부분 중국으로 넘어간 지 오래되었다. 이러한 상황에서 아직도 신재생 에너지에 대한 투자가 제대로 이루어지지 않고 있다. 기업들이 RE100을 떠나 신재생 에너지를 사용하려 해도 사용할 수 없다는 것이 문제이다. 이미 많은 나라에서 신재생 에너지의 생산 원가가 과거 화석 에너지보다 더 하락한 상황이다. 온실가스를 떠나 신재생 에너지를 사용하는 것이 더 경제적이라는 말이다.

존경받는 국가가 되려면

—

글로벌 환경 규제를 성장의 걸림돌로 여겨서는 곤란하다. 오히려 성장의 기회로 활용해야 한다. 국내 기업들의 경쟁력과 직결되기 때문이다. 앞으로 파리기후변화협정에 따라 글로벌 환경 규제는 더욱 강화될 것이다. 그동안 자국의 이익을 근거로 온실가스 감축에 소극적이었던 나라들의 참여도 높아질 것이다. 강화되는 환경 규제에 앞서 선제적으로 대응하지 못할 경우 친환경 산업에서 주도권을 확보하기 어렵다. 앞으로는 어느 나라와 어느 기업이 가장 빨리 온실가스 문제를 해결하느냐가 성장의 열쇠를 가지게 될 것이다. 높은 기술과 풍부한 인력이 있어도 환경 문제를 해결하지 못하면 국가의 성장이 어려워질 수 있다. 친환경 산업에서 경쟁력을 확보한 국가는 환경 문제를 앞세워 보호 무역 상벽을 합법적으로 높일 가능성도 있다. 자농차 연비 및 배기가스 규제, IT 제품에 대한 고효율 규제가 생겨날 경우 해당 요건을 만족하지 못하는 제품의 수출은 어려워질 수 있다. 또한 과거 옥시 사태, 정수기 중금속 검출 사태에서 경험했듯이 환경 관련 법이 더욱 강화되면서 소비자 스스로가 녹색 소비에 대해 인식하게 될 것이다.

　정부의 선제적인 정책을 통해 한국이 세계 환경 산업의 리더가 되어 준다면 세계로부터 존경받는 국가가 될 수 있으며, 기업들의 글로벌 경쟁력 향상과 함께 국가 신뢰도 향상에도 큰 도움이 될 것으로 믿는다. 또한 우리가 생산한 수출품에 청정 국가 제품이라는 이미지를 더해 프리미엄 제품으로 유통될 것이다. 따라서 환경 선진국으로 가기 위해서는 단기적 비용을 아까워하기보다는 장기적 안목으로 접근해야 한다. 어차피 가야 할 길 조금만 더 일찍 가면 된다. 어떤 국가도 식량, 자원 등 필요한 모든 것을 스스로 해결할 수는 없다. 그래서 우리는 늘 국제 무역 시장에 참여해야 한다. 앞으로 친환경에 대한 요구는 더욱 강화될 것이다. 선택권이 없다. 한국 경제를 유지하고 발전시키기 위한 기후 변화 대응 정책이 시급하다.

경험하지 못한 새로운 환경
—

크리스틴 라가르드 Christine Lagarde 전 IMF 총재가 2017년 한국

에 방문하면서 한 이야기가 있다. 그녀는 한국의 저출산과 고령
화가 계속해서 진행된다면 집단 자살 사회를 향해서 달려가고
있는 것이라고 단언했다. 또한 일론 머스크는 2022년에 한국이
세계에서 가장 빠른 인구 붕괴를 겪고 있다고 경고하면서, 한국
인구는 3세대 안에 현재 인구의 6% 미만으로 떨어질 것이라고
말했다. 6% 미만일 경우 우리의 인구는 330만 명이다. 일반적으
로 한 세대가 30년이니 머스크의 말에 따르면 앞으로 90년 후에
는 우리 인구가 330만 명이 되는 것이다. 앞에서 이야기한 라가
르드 전 IMF 총재가 언급한 시기인 2017년은 국내 합계 출산율
이 1.05명이었고, 2022년 머스크가 이야기했을 때 합계 출산율
은 0.78명이었다. 그런데 지난 2023년에는 0.72명이었으며, 최
근에는 상황이 더 안 좋아지면서 0.6명 수준까지 하락했다.

인구에 대해서 이야기할 때 자주 언급되는 합계 출산율은 여
성 한 명이 평생 낳은 자녀의 수를 뜻한다. 합계 출산율이 2명 미
만이면 그 나라의 인구는 지속적으로 감소하여 결국 소멸한다.
합계 출산율 1명과 2명의 차이는 인구 소멸로 가는 속도의 차이
일 뿐이다. 예를 들면 어느 한 국가의 인구가 1,000명(남녀 각 500
명씩)이라고 가정해 보자. 이 국가의 합계 출산율이 0.6명이라면
다음 세대 인구는 300명이 될 것이다. 여기서 한 세대 더 진행되
면 전체 인구는 90명이 된다. 여기서 또 한 세대가 더 진행되면
인구는 27명으로 줄어든다. 합계 출산율 0.6명이 유지될 경우
첫 세대에서는 인구가 30%로 줄게 되고 2세대가 지나가면 9%,
그리고 3세대가 지나면 2.7%로 줄게 된다. 앞에서 일론 머스크

가 6% 라고 말한 것은 전혀 과한 수준이 아니다.

저출산은 단순히 우리나라만의 문제는 아니다. 전 세계적으로 대부분의 국가들이 마주하는 국가적 문제이다. 미국, 프랑스, 영국 등 서방 국가들 대부분의 합계 출산율은 2명에 미치지 못하고 있고 중국, 베트남, 인도네시아, 말레이시아 등 개발 도상국 국가들도 최근 출산율이 크게 하락하면서 2명에 미치지 못하고 있는 상황이다. 문제는 우리나라의 합계 출산율이 0.6명이라는 점이다. 지금까지 어떤 나라도 역사적으로 겪어 보지 못한 수준이고, 현재 전쟁 중에 있는 우크라이나보다도 낮다. 세계적으로 전쟁 중이거나 사회적으로 큰 이슈가 있을 때에도 우리나라의 출산율보다 높았다. 이토록 출산율이 낮은 상황을 가볍게 볼 수 없는 이유이다.

가장 먼저 영향을 미치는 분야는 교육

—

우리나라의 연도별 출생아를 보면 통계를 시작한 1925년에 55만 명이 태어났고, 1932년에 60만 명대로 진입했다. 한국 전쟁 당시인 1950년부터 1953년에도 출산은 지속적으로 증가했고, 1952년에는 70만 명대로 확대되었다. 1959년부터 1971년까지는 매년 100만 명 수준이었다. 그 이후로 조금씩 줄긴 했지만 2000년까지만 해도 64만 명이었다. 그러나 2001년 50만 명, 2002년에는 40만 명, 2017년에는 35만 명, 2020년에는 27만 명 그리고 2023년에는 22만 명 수준으로 하락했다. 평균 수명이 증가하면서 전체 인구는 큰 변화가 없는 상황이어서 크게 느끼지는 못하고 있지만 이미 교육 분야에서는 변화가 일어나고 있다. 2024년 3월 초등학교 입학생이 없는 학교가 157곳에 달했다. 이론적으로 보면 이 학교들은 5년 후 없어질 가능성이 높다. 또한 대학교도 2,000여 명이 미달이었다. 현재 고등학교 졸업생이 40만 명 수준이나, 조만간 20만 명 수준으로 떨어질 것으로 보인다. 국내 대학교 입학 정원이 50만 명 수준이라는 점을 고려하면 몇 년 후에는 대학의 50%가 사라질 위기에 처해 있다.

이러한 인구 감소에 따른 교육 산업의 위기는 다른 산업으로 이어질 것이다. 몇 년만 지나면 기업들은 신규 인력 충원에 어려움을 겪을 것이고, 국내 소비 시장 축소로 내수 시장의 부진이 장기화될 가능성이 매우 높다. 그러나 이러한 인구 축소를 오히려 환영하는 일부 사람들이 있다. 가까운 지인이 북유럽을 여행하고 와서 한 이야기이다. 한국은 인구가 너무 많아서 복잡하고 경쟁도 치열하므로 인구가 줄어야 부동산 가격이 하락하고 살기 좋은 곳이 된다는 것이다. 개인의 견해이기에 맞고 틀리고를 따질 수는 없지만 인류의 본능인 번식의 욕구를 스스로 제한한다는 것은 결코 가볍게 넘길 일이 아니다. 지인의 말처럼 인구가 줄어든다고 해도 우리의 삶이 크게 좋아진다고 확신하기 어렵다. 지방의 일자리 부족으로 사람들은 더욱더 대도시로 몰릴 것이고, 이로 인해 삶의 수준이 더욱 하락할 수 있다. 인구 감소로 지방부터 소멸하고 결국 수도권에서의 경쟁이 더욱 치열해지는 악순환으로 연결될 것이다.

변화에 대비하는 기업에 투자하자
—

우리나라의 경제, 문화 등 모든 사회 구조가 인구 5,000만 명 수준에 맞추어져 있다. 문제는 지난 수십 년간 인구와 경제 등 모든 분야에서 지속적으로 성장해 왔고, 정부와 기업도 미래에 더욱 확대될 것을 예상해서 정책과 계획을 세워 왔다는 것이다. 이러한 점에서 향후 인구 감소는 부동산, 교육, 문화, 국가 재정, 소비, 금리, 주식 등 거의 모든 분야에 광범위한 영향을 줄 것이며, 국가의 잠재 성장률 둔화의 요인으로 작용할 것이다. 또한 고령화에 따라 생산 가능 인구 대비 피부양자 비중이 확대되면서 저축률은 하락하는 반면, 사회 복지 지출은 확대되면서 국가의 재정 수지에도 악영향을 줄 것으로 보인다. 일반적인 소비 패턴이 은퇴 시점에 근접할수록 줄어든다는 점을 고려하면 앞으로 인구 감소로 인해 소비는 더 감소할 것이다. 이러한 생산 활동과 소비의 감소 등 악순환이 지속될 경우 경제 성장률 하락 우려를 넘어 국가 재앙 수준으로 다가올 수도 있다. 따라서 인구 구조 변화에 따른 준비를 지금부터 모든 분야에 걸쳐 진행해야 한다. 또한 기업들도 인구 구조 변화에 맞추어 장기적인 그림에서의 투자를 고려해야 할 것이다.

갈수록 심화되는 무역 의존도

한국은행은 우리나라의 2024년 경제 성장률을 2% 수준으로 전망했다. 글로벌 투자 은행들과 국내 증권사 리서치 센터들의 전망치도 대부분 비슷하다. 극심했던 팬데믹 시기와 수출 1위 품목인 반도체 업황이 부진했던 2023년보다는 높은 수준이다. 선진국 초입에 진입한 한국 경제가 과거처럼 고성장하기 어렵다는 말도 일리는 있다. 그러나 세계 경제 성장률은 3%대로 전망되고, OECD 국가들의 평균 성장률 전망도 평균 2%대 후반에 달했다. 특히 2023년에는 우리나라의 경제 성장률이 글로벌 외환 위기 이후 25년 만에 처음으로 일본보다 낮았다는 점을 고려하면 실망스러운 수준이다. 또한 세계 1위 국가인 미국이 아직도 높은 경제 성장률을 보이고 있다는 점에서 현재 우리나라의 경제 수준에 만족하기는 너무 이르다.

우리나라의 성장률이 낮아진 가장 큰 이유는 수출 1위 국가인 중국의 성장 둔화와 함께 중국 내 수출품의 점유율이 하락했기 때문이다. 과거 중국의 경제 개방 초기에는 우리나라의 중간

새 세품은 물론 사동차, 스마트폰 등 고가 소비재늘의 점유율이 높았으나 최근에는 존재감이 사라진 지 오래되었다. 또한 러시아 우크라이나 전쟁, 중동 전쟁 등의 국제적 정세에 따른 요인도 크다. 세계 무역 시장은 지난 수십 년간 글로벌화의 진전으로 세계 교역량이 과거보다 크게 증가했고, 주요 국가 간의 경제가 상호적으로 연동되어 왔다. 그러나 전쟁과 보호 무역이 강화되면서 국가 무역에 위기가 생겼다. 문제는 우리 경제가 유독 이러한 변화에 더 큰 영향을 받는 데에 있다. 그 이유는 간단하다. 내수가 장기간 침체를 보이는 반면, 수출입 비중이 너무 커졌기 때문이다.

국가 GDP에서 수출이 차지하는 비중은 외환 위기였던 1998년을 제외하면 지난 2000년까지 20%대 수준이었다. 그러던 것이 2008년 금융 위기 이후 2014년까지 40%대로 올라섰다. 지난 2023년에는 35.7%로 다소 낮아지긴 했지만 아직도 세계 주요 국가 대비 매우 높은 수준이다. 수출 비중이 높은 만큼 수입의 비중도 높다. 이는 자원 부족으로 원자재 수입이 증가했기 때문이다. 그 결과 2000년 무역 의존도는 59%에서 2022년에 84.6%까지 상승했다. 가까운 일본과 중국의 무역 의존도는 각각 38.9%와 35.2%에 불과하다. 유럽 내 수출 주도형 국가인 독일도 우리보다 낮다. 싱가포르, 홍콩 등 도시 국가들을 제외하면 주요 국가들 중에서 최고 수준이다. 수출 주도형 경제 구조나 높은 무역 의존도 자체보다 심각한 문제는 불균형이다. 수출이 늘면서 비슷한 속도로 내수 시장도 확대되어야 하는데 지난 수년간 그렇지 못했다. 무역 의존도를 실질 GDP 기준으로 변형해 보면 한국의 무역 의존도는 이미 100%를 넘어섰다.

경제에도 기초 체력이 있다

—

높은 무역 의존도와 내수 부진으로 발생하는 문제는 무엇인지 살펴보자. 가장 큰 문제는 경제 주체별 소득의 양극화이며, 외부 경제 충격에 대한 민감도가 상승한다는 것이다. 결국 가계나 자영업자들의 소득은 줄어들고, 수출 의존도가 높은 기업들의 소득이 확대될 수 있다. 당연히 무역 의존도가 높은 기업들은 내수 시장보다 해외 수출에 더 신경을 쓸 수밖에 없다. 그러다 보니 신규 설비 투자나 인력 고용 등도 국내보다는 해외에서 더 집중하게 되고, 내수에 의존하면서 자본력이 취약한 한국의 수많은 자영업자들의 불황 감내력은 계속해서 떨어지게 된다. 1970년대 우리나라는 수출 확대에 매진했다. '수출만이 살 길'이라는 말이 나올 정도로 정부도 수출 기업에 대한 지원을 아끼지 않았다. 하지만 이제는 달라져야 한다. 수출 규모에 걸맞은 내수 시장 확대가 중요하다는 말이다. 높은 무역 의존도는 우리 경제가 대외 충격과 환율 리스크에 취약함을 의미한다. 견고한 내수 시장은 외부 충격에 버틸 한국 경제의 기초 체력과도 같다.

높은 해외 의존도라는 말은 어느 한 국가에 대한 높은 수출 의존도라는 말로 바꾸어도 틀리지 않다. 수출 비중이 높은 국가의 경제 상황이 안 좋아지면 우리나라도 같은 영향을 받기 때문이나. 직접적으로 이야기하면 우리 경제는 반도체 시장과 중국의 상황에 따라 큰 변동을 보인다. 최근에는 중국 수출이 줄면서 처음으로 중국으로부터 무역 적자를 기록했다. 중국의 높은 기술 발전과 중국 소비재들의 국내 수입 증가를 고려하면 과거와 같은 수준의 무역 흑자를 다시 재연할 수 있을지 장담하기 어렵다. 그래서 우리는 내수를 다져야 하고, 경쟁 국가가 따라오기 어려운 수준의 기술 개발에 적극적으로 투자해야 한다.

내수 시장이 부진한 이유

—

우리나라의 내수가 이토록 부진해진 이유를 인구 감소와 노령화를 들어 이야기하는 경우도 있지만 단기적으로 보면 크게 두 가지 이유가 있다. 첫째는 소득의 양극화이고 둘째는 부동산 가격 상승에 따른 가계 부채의 상승이다. 지난 외환 위기 이후 중산층은 줄고 빈곤층이 기하급수적으로 증가했다. 1990년 대까지만 해도 국내 빈곤층 비중이 7~9% 수준이었으나, IMF와 글로벌 금융 위기 등을 겪으면서 14%대까지 증가했다. 반면에 소비 성향이 높은 중산층은 70%대에서 60%대로 감소했다. 소비 성향은 소비를 소득으로 나눈 지표이다. 부유층이 소비를 많이 하지만 소득의 증가 폭도 크기 때문에 부유층보다는 중산층의 소비 성향이 높다. 따라서 내수 시장이 확대되기 위해서는 중산층의 비중이 높아져야 한다. 우리나라의 내수 시장을 확대하기 위해서는 양극화 해소부터 시작해야 한다. 기업과 가계의 양극화, 고소득층과 빈곤층의 양극화, 대기업과 중소기업의 양극화가 해소되어야 한다. 양극화 해소를 위해서는 신산업 육성으로 좋은 일자리 창출에 노력을 해야겠지만, 대기업들의 해외 투자를 국내로 돌리는 데도 주력해야 한다. 또한 정부의 복지 정책 확대도 중요하다.

특히 최저 임금에 대한 법적 보호가 중요하다. 최근 발표 자료에 따르면 국내에서 최저 임금을 못 받는 근로자가 사상 최대인 264만 명에 달한다고 한다. 전체 근로자의 13.7%가 최저 임금 이하의 임금을 받고 있다. 최저 임금을 위반해도 처벌받는 사업주는 0.2%에 불과하다. 최저 임금 미달 근로자들은 비정규직, 청년 등에 집중되어 있다. 사회적 약자 보호를 위해서도 최저 임금이 지켜질 수 있도록 노력해야 한다. 그뿐만 아니라 수입 비중이 높은 부분에 대한 기술 개발과 대체 상품 개발 등을 통해서 국산화율을 높일 필요가 있다. 또한 저성장 국면에서 기존 산업 내 고용 확장이 힘들다면 새로운 산업을 통해 신성장 동력을 찾아야 한다. 어렵지만 반드시 해야 할 일이다.

무한 경쟁 시대

세계 무역은 자유 무역주의와 보호 무역주의의 대립을 통해 발전해 왔다. 자유 무역주의는 1800년대 초 영국의 경제학자 데이비드 리카도 David Ricardo의 '비교 생산비의 원리'에 이론적인 근간을 두고 있다. 리카도는 자유 무역을 통해 각국이 생산비가 우위에 있는 상품을 생산하고 잉여분을 수출하는 대신, 자국보다 싸게 생산된 상품을 해외로부터 수입한다면 무역을 하는 모든 국가에 이익이 된다고 주장했다. 이후 자유 무역은 19세기에 들어서면서 국가 간의 관세가 인하되고, 2차 세계대전 이후에 수입 제한 같은 직접적 무역 통제가 크게 줄어들면서 급물살을 타기 시작했다. 급기야 1947년에는 제네바에서 23개국이 모여 관세 장벽과 수출입 제한을 제거하고 무역 활성화를 위한 국제무역협정(GATT, General Agreement on Tariffs and Trade)이 마련되었다. 가입 국가는 120여 개국에 이르렀다. 이것이 1995년부터 세계무역기구 WTO로 대체된 후 지금까지 이어져 오고 있다. 즉 보호 무역이 아닌 자유 무역이 국가 간 교역의 패러다임으로 자리 잡아 왔음을 알 수 있다. 그렇다고 보호 무역 옹호론이 설득력이 없었던 것은 아니다. 보호 무역주의자들은 경제 발전이 늦은 후진국이 선진국과 자유 무역을 할 경우 후진국의 산업이 선진국으로부터 위협을 받거나 발전 기회를 상실할 수 있음을 우려하고, 국내 산업의 보호를 위해서라도 수입을 적극적으로 제한해야 한다고 주장하고 있다.

자유 무역과 보호 무역 중 어느 것이 인류의 후생을 개선할 것인지에 대한 평가는 입장에 따라 달라진다. 소비자의 입장에서는 자유 무역이 유리하다. 자유 무역 시스템은 기업들의 무한 경쟁을 의미하기 때문에 소비자는 경쟁력 있는 제품을 저렴하게 구입할 수 있다. 하지만 국가의 입장에서 보면 간단한 문제가 아니다. 자유 무역과 보호 무역 중 어떤 것이 국익에 도움이 되는지는 해당 국가의 산업 경쟁력에 따라 달라질 수 있기 때문이다. 그래서 대부분의 국가는 수출을 위해 자유 무역의 총론을 따르면서도 자국의 특정 산업이나 사안에 따라서는 보호 무역으로 대응하는 것이 일반적이다. 이미 전 세계는 과거 대공황 당시 보호 무역이 팽배해지면서 경기 회복이 늦어진 경험을 갖고 있다. 가장 이상적으로만 본다면 산업이 크게 발전하지 못한 나라에게는 어느 정도 보호 무역을 인정해 주고 경쟁을 확보한 국가들은 자유 무역을 확대함으로써 기업들의 경쟁력과 소비자의 선택권을 늘려 주면 된다. 자유 무역과 보호 무역 간 균형을 적절하게 이루는 것이 관건이 될 터인데, 적절한 균형을 찾아내는 것이 바로 정부의 역량이다.

자국 산업 보호를 위한 비관세 규제 강화

—

자유 무역과 보호 무역의 대립 속에서도 세계 무역량은 빠르게 증가해 왔다. 정보 통신의 발달로 세계 곳곳에 숨어 있는 다양한 제품들을 찾기가 쉬워졌고, 운송의 발달도 국제 무역 확대에 큰 기여를 하고 있다. 세계 모든 국가들은 자국 제품을 수출하는 데 총력을 기울이면서도, 자국의 경제와 산업을 보호하고 외국산 제품의 수입을 규제하기 하기 위한 무역 규제를 더욱 강화하는 추세이다. 보호 무역을 위한 무역 규제는 크게 관세와 비관세 규제로 나누어 볼 수 있다. 관세 규제는 외국 제품을 수입할 때 부과하는 세금이다. 지나치게 싼 해외 수입품에 세금을 부여함으로써 국내 시장 가격을 안정적으로 유지할 수 있고, 해외 제품의 국내 시장 장악을 방지함과 동시에 자국 기업을 보호할 수 있다.

그러나 자국 산업 보호를 명분으로 상대 국가 수출품을 노골적인 관세로 규제하기란 현실적으로 쉽지 않다. 1964년대 공산품 및 농산품에 관한 관세 인하와 세계 무역의 자유화와 경제 협력, 차별 대우 폐지, 관세 인하 등을 실시하자는 '케네디 라운드Kennedy Round'가 시작되었고, 1971년 개발 도상국의 수출품에 관세를 낮춰 주는 제도인 일반특혜관세GSP가 시행되고 있기 때문이다. 국가가 보호 무역을 위해 수입품에 직접적으로 관세를 부과하는 방법은 무역 분쟁으로 확대될 수 있다. 따라서 많은 나라들이 자국의 산업을 보호하기 위해 세계무역기구에 제소되지 않는 비관세 장벽(NTB, Non-Tariff Barriers)을 강화하고 있다.

　대표적인 비관세 장벽으로는 검역 제도, 환경 규제, 기술 장벽 등 다양하다. 정부가 공공 부분에서 국산품을 우선적으로 구매하도록 한다거나 채소, 과일, 육류의 수입 금지, 제한 조치, 통관 지연을 하는 방법이 있다. 그뿐만 아니라 수입 통관 절차와 각종 인증, 검역을 까다롭게 하기도 한다. 대표적인 인증은 유럽의 CE 인증, 미국의 FDA 인증 등이 있다. 또한 최근에는 기술 장벽이 확대되고 있다. 기술 장벽은 수입품에 대한 수입 국가의 표준 규격에 해당되는지 여부와 소비자의 안전 문제 등으로 수입품에 까다로운 기술과 법규를 적용한다. 그리고 RE100 등 재생 에너지 관련 규제도 확대되고 있다. 이러한 비관세 규제는 겉으로는 국산품과 수입품을 차별하는 것으로 보이지 않지만 결과적으로 수입품 규제 효과를 가져온다.

정부 외교력과 내수 부양이 절실
—

　세계는 자유 무역에서 보호 무역으로 빠르게 이동하고 있다. 미중 무역 분쟁으로 미국은 2017년 트럼프 대통령 재임 이후부터 보호 무역을 노골화하기 시작했고, 바이든 대통령도 크게 다르지 않았다. 미국은 자국 기업들에게 해외 진출보다는 자국 내 생산과 고용을 유도하고 있으며, 이를 넘어서 최근에는 해외 기업에게도 미국 내 투자를 압박하고 있다. 또한 미국 제품에 피해가 예상되는 해외 제품에 대해서는 과감한 관세를 부과하기 시작했다. 우리가 잘 알고 있는 미국의 화웨이 제재와 중국의 희토류 수출 제한 시사 등이 대표적이다. 여기에 중국은 정부의 보조금 등 여러 방법을 통해 우리나라는 물론 세계 주요 수출품들을 밀어내고 자국 제품으로 대체하고 있다. 특히 일본은 보안을 문제 삼아 네이버의 라인 탈취를 시도하기도 했다.

　국가 간 무역 문제는 개인이나 수출 기업이 해결할 수 없는 정부의 일이다. 세계적 보호 무역 장벽은 정부의 정책과 외교력을 통해 해결해야 한다. 한국은 세계 10위권의 경제 대국이지만 정치와 외교적 영향력은 그에 미치지 못하고 있는 듯하다. 전 세계 무역 상대국 중 유독 한국에 대한 일방적인 무역 보복이 늘어난 이유도 여기에 있다. 한국이 글로벌 스탠더드에 부합하는 정치 및 경제 시스템을 구축하여 무역 상대국에게 신뢰가 높은 국가로 인식되는 것이 절실하다. 이와는 별개로 내수 시장을 확대해서 수출과 내수의 균형을 유지하는 것도 중요하다. 견고한 내수 시장은 무역 상대국으로 하여금 일방적으로 수출품을 규제하지 못하도록 하는 효과가 있으며, 국내 기업들에게는 안정적인 매출 기반이 될 수 있다.

청년 실업이 시사하는 의미

우리나라의 청년 실업률은 꾸준히 상승하는 추세이다. 출생률 감소로 청년 인구가 과거 대비 줄었음에도 불구하고 청년 실업이 해결되지 못하는 것은 그만큼 한국 경제가 심각하다는 의미이다. 통계청 자료에 따르면 2024년 5월 기준으로 청년 실업률은 6.7% 였다. 그러나 청년들이 체감하는 실업률은 통계 자료보다 월등히 높다. 고시생, 구직 포기자, 장기 취업 준비생 등은 실업에 포함되지 않기 때문이다. 또한 통계청이 규정하고 있는 청년의 범위는 15세부터 29세인데, 여기서 구직 활동을 하지 않는 중학생부터 대학생, 군 복무자 등을 제외한 24세부터 29세 청년을 기준으로 보면 실제 청년 실업률은 통계보다 월등히 높을 것이다. 그나마 취업을 한 청년들 역시 일자리의 질은 매우 낮다. 단순 일용직이 많고 1년 이하의 단기 계약직과 인턴 등의 비중이 높다. 터무니없는 임금으로 노동력을 착취하는 기성세대의 권력 남용으로 '열정 페이'라는 신조어까지 탄생했다.

청년 실업은 일반적인 실업보다 장기적 문제로 이어진다. 청년 세대가 노동 시장에 제때 투입되지 못한다면 시차를 두고 국가의 성장률 저하라는 결과로 이어질 것이다. 또한 청년들이 사회에 첫발을 내딛기도 전에 부동산 투자나 코인 투자 등으로 경제 파탄을 맞는 현실을 해결하지 못하면 우리나라의 미래도 밝을 수 없다. 청년 실업 문제는 기성세대의 조기 은퇴 문제 이상으로 우리 사회가 다루어야 할 심각한 문제 중 하나이다. 그렇다면 청년 실업이 왜 이렇게 심각한 수준까지 올라왔을까? 원인을 찾아보면 대한민국의 경기 침체를 우선으로 들 수 있다. 우리나라의 성장을 이끌었던 건설, 조선, 철강 등 국가 주력 산업들은 이미 성장이 둔화되었고, 산업 고도화로 생산을 위한 일자리 증가가 크지 않다. 전 세계적으로 저성장이 일반화되면서 기업의 신규 채용이 줄고 있는 것도 중요한 원인이다. 그나마 투자 여력이 있는 기업들도 국내의 높은 인건비 등을 이유로 해외 투자를 늘리고 있다.

그렇다면 청년들의 실업 문제를 해결하기 위한 방법은 무엇일까? 일반적인 해법으로 노동 시장의 유연화와 산업 수요에 맞는 인력 양성, 자격증 취득 등이 거론된다. 좀 더 적극적인 임금 피크제를 실시하면 청년들의 정규직 채용이 증가할 것이라고 보는 시각도 있다. 기존 노동자들의 근로 시간을 줄여서 정규직 일자리를 추가로 만드는 해법도 제시된다. 그런데 이러한 방안들이 근본적인 해결책이 아니라는 것을 알면서도 계속해서 언급되는 이유는 그만큼 적절한 해결 방안을 찾지 못하고 있기 때문이다. 반면에 우리 청년들의 능력은 이미 세계 최고 수준이다. 대학 진학률은 무려 70% 수준으로 선진국에 비해 월등히 높다. 고급 인력을 청년 실업의 원인이라고 보는 시각이 있는데 본말이 전도된 접근이다. 고급 인력은 실업의 원인이 될 수 없다. 고급 인력이 문제가 아니라 이들을 수용할 그릇이 없는 것이 문제이다. 결국 청년 실업은 신산업의 부재, 즉 새로운 일자리가 부족하기 때문임을 알 수 있다.

국가 성장 엔진의 부재가 원인
—

청년 실업 해소 방법은 기존에 없었던 새로운 산업을 육성하는 것이다. 단지 새로운 것만으로는 부족하고 성장을 이끌어야 한다. 그래야 다양한 일자리가 생기고 젊은 노동력을 투입할 수 있다. 신성장 산업은 어느 시대에나 존재했다. 우리나라의 산업화 초기에는 섬유, 건설, 정유, 화학이 경제를 이끌었고 그 이후에는 철강, 조선, 자동차 등이 뒤를 이었다. 특히 2000년대에 들어와서는 인터넷과 온라인 게임 등이 새로운 성장 산업으로 부각되었다. 지금은 정체되었지만 당대에는 성장을 주도했고 신규 고용을 창출했던 산업들이다. 최근에는 로봇, AI, 전기차, 바이오 등이 신성장의 핵심 산업으로 입지를 다져 가고 있다. 이러한 새로운 산업이 무르익기 전에 기업과 정부가 적극적으로 수용해 주도권을 가져가야 한다. 만약 정부나 기업이 과거의 산업에만 집착할 경우 우리 청년들은 새로운 기회를 뺏기게 될 것이다.

결국 청년 실업의 근본적인 해결은 창업의 활성화부터 시작해야 한다. 즉 좋은 아이디어로 시작한 기업이 성공하는 사회가 되어야 한다. 기존 산업을 보호하기 위해 신산업에 대한 규제를 해서는 안 되며, 대기업들의 문어발식 진출로 스타트업 기업들의 성장을 저해해서도 안 된다. 과거 휴대폰에서 스마트폰으로 이동하는 과정에서 최강자였던 노키아와 블랙베리가 컴퓨터 제조 회사였던 애플에 주도권을 내주었고, 100여 년의 역사를 가지고 있는 기존 자동차 업체들이 설립된 지 얼마 되지 않은 테슬라보다 기술과 기업 가치가 낮은 상황을 잊지 말아야 한다. 새로운 게임 체인저인 신산업에 적극적으로 지원해야 하는 이유이다. 이 부분은 청년 실업 해소를 넘어서 국가 경쟁력 차원에서 매우 중요하다.

대한민국은 저력이 있다

—

아이러니하게도 우리나라는 높은 실업을 해소해 본 경험이 있다. 바로 경제적으로 가장 어려웠던 1998년 외환 위기이다. 당시 한국이 경제적으로 회복하기 어렵다고 본 해외 경제학자도 있었다. 실제 알토란 같은 기업들이 해체되기도 했으며, 값싼 가격으로 외국 기업에 한국 기업의 경영권이 넘어가기도 했다. 1999년 2월 실업률은 8.8%까지 치솟았으며, 청년 실업도 14.5%에 달했다. 그러나 대한민국은 세상이 깜짝 놀랄 만큼 빠르게 위기를 극복했다. 불과 1년이 지난 2000년 6월 실업률이 3.6%로 하락했으며, 청년 실업률도 6.7%대로 진입했다. 도대체 당시에 무슨 일이 있었던 것일까? 바로 뼈를 깎는 혁신이 있었다. 경쟁력을 잃은 기존 산업을 보호하기보다는 강력한 구조 조정으로 기업 경쟁력을 확보했다. 그리고 세계 어떤 나라보다 먼저 인터넷 혁명을 일으켰다. 인터넷 산업 초기에 한국은 최고 수준의 인터넷 인프라 구축으로 새로운 패러다임을 선도했다. 이를 통해 IMF 이후 인터넷 인프라 기반으로 수많은 일자리를 만들어 내며 청년 실업을 일거에 해결할 수 있었다.

그 결과 당시 인터넷 포털, 온라인 쇼핑, 온라인 게임 등에서 한국은 세계 최고 수준의 경쟁력을 보유하게 되었다. 선제적 투자 덕에 외환 위기 이후 20년이 훌쩍 지난 지금도 국내 포털 시장이 글로벌 기업에 점령당하지 않은 몇 안 되는 나라가 되었다. 이를 기반으로 모바일 메신저 카카오톡, 라인 등 새로운 시장이 개척되었다. 특히 라인은 일본 등 주요 국가 메신저 시장을 선점하는 기염을 발휘하고 있고, 온라인 게임 산업 역시 한국의 청년들이 개발한 프로그램이 당시 전 세계 시장을 석권했다.

그렇다면 지금은 어떠한가? 우리는 또 다른 새로운 변화에 잘 적응하고 있는지 스스로 물어야 한다. 신성장 산업의 아이콘으로 불리는 자율 주행 차량, 드론 등 한국의 미래 기술 경쟁력은 미국 일본 중국 등 주요 7개국 중 꼴찌로 조사됐다. 전기차 분야에서는 중국에게 뒤처져 있다. 세계 각국에서 인공 지능[AI]과 정보 통신 기술[ICT]을 접목시킨 전기차 개발을 통해 교통 혁명이 진행뇌고 있시반 우리나라는 변화의 속도를 따라가고 있는지 의문스럽다. 기성세대가 해야 할 일은 청년에게 신성장 산업의 주인공이 될 기회를 주는 일이다. 이미 치열한 경쟁을 하고 있는 기존 산업들도 과감한 혁신을 해야 한다. 과거 인터넷 혁명처럼 어느 나라보다 신산업에 빨리 투자해야 한다. 신산업은 조금만 주저하면 추월이 어려워진다. 우리 청년을 위해, 국가의 미래를 위해 과감한 도전을 멈추어서는 안 된다.

돈의 가치는 변한다

돈이 남는 사람이 돈을 필요로 하는 사람에게 융통해 주는 것을 '금전 융통'이라고 한다. 이 말을 줄여 부르는 것이 '금융'이다. 금융 활동의 대가를 금리 또는 이자라고 한다. 쉽게 말해 금리는 돈의 사용료인 셈이다. 이렇다 보니 은행에 돈을 맡기면 이자를 받고, 빌린 사람이 이자를 내는 행위는 너무나 당연하다. 그런데 만약 돈을 은행에 예금하면서 은행이 보관료를 받는다면 어떨까? 이러한 상황에서 은행에 돈을 맡기는 사람이 있을까 싶지만 원래 은행은 보관료를 지불하면서 시작됐다. 은행의 기원은 중세로 거슬러 올라간다. 13세기 중반, 영국 런던의 시민들은 귀금속을 안전하게 보관하기 위해 국가가 운영하는 조폐국에 맡겼다. 그런데 전쟁이 잦아지면서 정부가 군비 조달을 위해 조폐국에서 보관하고 있던 국민들의 귀금속과 화폐를 몰수하자, 재산을 나라에 빼앗겼다고 느낀 런던 시민들은 더 이상 조폐국에 재산을 맡기지 않았다. 대신 자신의 귀금속을 튼튼한 금고를 가지고 있는 금 세공업자에게 맡겼다. 금 세공업자들은 귀중품이나 돈을

맡기면 안전하게 보관해 주고, 언제든지 주인에게 되돌려주는 역
할을 담당했다.

　금 세공업자들은 귀금속을 맡기는 사람에게 소정의 수수료
를 받았고 그에 상응하는 증서를 발행했다. 이 증서는 양도가 가
능해서 무거운 금 없이도 대금을 지불할 수 있는 용도로 사용되
었다. 증서 교환이 활발해지면서 실제로 금을 찾으러 오는 사람
이 드물다는 것을 알게 된 세공업자들은 보관하고 있던 금을 다
른 사람에게 빌려주었다. 빌려 간 사람에게는 일정 기간 뒤에 빌
려준 것보다 조금 더 많은 양의 금을 받았다. 이것이 이자의 시
작이다. 이러한 거래가 지속될 수 있었던 가장 큰 배경은 금 세공
업자의 높은 신뢰 때문이다. 어찌 되었든 당시 금을 맡긴 사람들
이 수수료를 지불했다는 사실이 흥미롭다. 금 세공업자들이 받
은 신뢰를 바탕으로 현대의 민간 은행이 생겨났고, 종이 화폐가
통용되면서 국가는 통화량을 조절할 필요성이 생겼다. 그렇게 해
서 은행의 은행 격인 중앙은행이 탄생하게 되었는데, 이때부터
금리의 종류는 정부가 정하는 금리와 시장에서 결정되는 금리로
나누어지기 시작했다.

　정부가 정하는 기준 금리는 시중 은행과 중앙은행 간에 적
용되는 금리로, 한 달에 한 번 열리는 금융통화위원회에서 정
해진다. 중앙은행은 물가 안정을 위해 적정 금리 수준을 판단하
는 '테일러 준칙Taylor's Rule'이라는 기준 금리 결정 모델을 이용하
는데, 중앙은행이 생각하는 적정 물가 수준과 현재 물가와의 차
이, 중앙은행이 생각하는 적정 성장률과 현재 성장률과의 차이

를 감안해 정한다. 물론 금융 시장의 불안 요소와 같은 정성적인 문제도 금리 결정에 반영한다. 재미있는 사실은 기준 금리는 중앙은행의 '입', 그러니까 말로 결정한다는 것인데 기준 금리는 단기 금리의 즉각적 변화를 야기하며, 시차를 두고 장기 금리에도 영향을 준다. 가령 기준 금리를 내릴 경우 단기 금리가 떨어지고, 장기 금리가 하락할 것으로 예상되면 투자자들은 돈을 빌리거나 투자에 나서서 소비를 늘리는 식이다. 이 과정에서 장기 금리 수준에 따라 통화량과 부채 규모도 변동한다. 팬데믹 이후 금리가 급하게 올라왔으나 그 전까지는 세계적으로 저금리 시대였다. 이에 따라 각 정부들은 물론 기업과 개인들까지도 부채가 크게 증가한 상태이다. 결국 정부의 정책 금리에 따라 금융 시장이 민감하게 반응한다는 것이다. 금리가 조금만 움직여도 금융 시장에서 수조 원이 사라지기도 하고 생기기도 하기 때문이다.

마이너스 금리가 가능한 이유
—

중세 시대가 아닌 지금 은행이 마이너스 금리를 준다고 하면 사람들은 돈을 예금할까? 돈을 내고 세공업자에게 금을 맡기는 것처럼 오히려 은행에 이자를 내고 예금하는 상황이라면 산술적으로 은행에서 돈을 빌리고 기다릴수록 원금이 줄어들게 된다. 물론 현실에서 일반인들에게 마이너스 금리가 적용되는 것은 아니다. 앞에서 언급했던 기준 금리와 시중 금리가 다르기 때문이

다. 중앙은행이 시중 은행에 적용하는 마이너스 금리는 금리가
아니라 벌칙에 가까운 제도라고 이해해야 한다. 민간 은행이 중
앙은행에 일정 부분 예치하는 금리를 '지급 준비금'이라고 하는
데, 지급 준비금에 물리는 이자를 마이너스로 한다는 것은 민간
은행들로 하여금 중앙은행에 돈을 예치하지 말고 대출을 활성화
해 시중에 돈을 풀라는 정책 의도가 숨어 있다.

　실제로 유럽의 일부 국가들은 과거에 마이너스 정책 금리
를 실행했고, 일본은 2024년 초까지도 마이너스 금리를 유지했
다. 또한 지금도 일부 국가에서 마이너스 금리로 국채를 발행하
고 있다. 이 채권에 투자하는 순간 손해임에도 불구하고 마이너
스 국채를 사는 사람이 있다. 왜 이런 현상이 발생할까? 앞서 테
일러 준칙을 통해 금리가 물가와 경제 성장률에 영향을 받는다
고 언급했다. 물가나 경제 성장률이 올라가면 돈에 대한 수요가
증가하기 때문에 금리가 올라갈 가능성이 크다. 또한 일반적으
로 시간이 흐르면 물가는 상승하고 돈의 가치는 떨어진다. 그러
나 팬데믹 전까지 글로벌 물가는 오르지 못했다. 이는 다시 말하
면 돈의 가치가 높고, 현재보다 미래에 지출을 하는 것이 더 가치
가 있을 수 있다는 의미이다. 마이너스 금리가 가능한 것은 시간
이 흐름에 따라 통화 가치 하락보다 물가 하락이 더 큼을 의미한
다. 이럴 경우 마이너스 금리로 발행한 채권이 실질적으로 플러
스 수익률이 된다. 실질 금리는 국채 발행 금리에서 물가 상승률
을 뺀 것이기 때문이다.

저금리가 경제를 살릴 수 있을까?

—

한 국가의 기준 금리가 하락한다는 것은 그만큼 경기가 좋지 않기 때문이다. 저금리 정책이 침체된 경제를 살리기도 하지만 경제 침체가 저금리를 장기화할 수도 있다. 문제는 저금리임에도 불구하고 국가의 의도대로 돈이 시중에 풀리지 않을 때 발생한다. 즉 정부가 국채를 사서 돈을 풀어도 이 돈이 다시 중앙은행 지급 준비금으로 돌아오는 현상이 생겨난다. 금리를 아무리 내려도 시중에 돈이 풀리지 않고 물가가 안정적으로 상승하지 않는 함정에 빠지게 된다. 이것을 '유동성 함정Liquidity Trap'이라고 부른다. 유동성 함정은 향후 경기 상황을 비관한 경제 주체가 많아지면서 결국 돈에 대한 수요가 없다는 뜻이다. 저금리의 폐해는 장기간 저금리를 겪었던 일본의 사례가 잘 보여 준다. 일본 정부는 1980년대 대규모 무역 흑자에 따른 엔화 강세와 내수 활성화를 위해 통화량 증대와 저금리 정책을 시작했다. 이러한 저금리는 단기적으로는 효과가 있었다. 통화량 증가는 엔화 약세와 수출 증대에 도움이 되었으며, 시중의 풍부한 자금이 주식과 부동산 급등으로 이어졌다. 당시 1980년대 일본의 땅값이 미국과 비슷하다는 말이 나올 정도였고, 여기에 보험 등 금융사들은 저금리 극복을 위해 주식과 부동산 투자 비중을 확대했다.

그러나 1990년대에 주식 시장이 붕괴되기 시작했고, 이어서 부동산 등 자산 가격이 폭락했다. 저금리 초기에는 단기적으로 주식과 부동산 시장 가격 상승에 도움을 주었으나 근본적으로 경기가 살아나지 않자 추가적인 양적 완화를 단행했다. 하지만 금리 인하나 양적 완화의 한계가 드러나면서 주식 및 부동산 등 자산 가격이 하락했다. 주식과 부동산 가격 하락은 기업의 불량 채권 급증, 금융 기관 부실화로 이어졌다. 많은 기업이나 개인이 저금리를 믿고 돈을 빌려 부동산을 매입했으나 경기 부진 장기화에 따른 자산 가격 하락으로 심각한 어려움에 직면했다. 설상가상으로 1980년대 보험사들이 팔아 놓은 고금리 상품들이 1990년대에 들어오면서 저금리에 따라 역마진이 발생하기 시작했다. 결국 저금리에 따른 버블 해소 과정에서 1990년대 말 대형 보험사만 여덟 곳이 파산했다. 결국 저금리 정책이 경기를 더욱 악화시키는 결과를 초래했다. 일본은 1999년 제로 금리가 되면서 더욱 활력을 잃게 되었다. 초저금리로 부실 기업의 구조 조정이 지연되었고, 여기에 인구 고령화로 전반적인 산업의 침체로 방향이 바뀌었기 때문이다. 이러한 상황에서는 제로 금리를 비롯한 어떠한 정책도 근본적인 해결책이 되지 못했다.

　일본의 사례를 보면 경기 회복을 위한 저금리가 근본적인 해결책이 아님을 알 수 있다. 단기적으로 저금리와 풍부한 유동성이 역할을 할 것으로 보이나, 장기적으로는 결국 저금리로 해결할 수 없다. 국가의 경제 펀더멘털이 강화되지 못하고 있는 상황에서 장기간 저금리는 위험할 수도 있다. 금융권의 예대 마진 축소로 수익성이 나빠질 수 있으며, 일본처럼 금융권의 연쇄 파산이 불가능하다고 말할 수 없기 때문이다. 그렇다면 지금 우리나라의 상황은 어떤가? 경제 성장률의 하락은 이미 구체화되고 있으며, 출생률 하락과 청년 실업 문제는 좀처럼 해결되지 않고 있다. 한국의 고령화 속도는 약 20년의 시차를 두고 일본의 고령화와 비슷한 궤적을 보인다. 이미 2014년부터 감소하기 시작한 생산 가능 인구는 결국 소비 감소로 이어질 공산이 크다. 또한 중국은 산업화 진전으로 인해 경쟁국으로 변했고, 우리 제품을 써 주었던 미국 역시 제조업의 부활을 꿈꾸며 해외 기업을 자국으로 불러들이고 있다.

한국의 GDP 대비 총투자 비율은 1990년 36.2%에서 계속해서 지속적으로 하락하고 있다. 그만큼 돈의 수요가 줄어들 수 있다. 성장률 부진과 내수 확대를 위해 금리를 내릴 경우 시장의 유동성이 국가 경제 성장보다는 부동산의 버블을 만들 수 있다는 점에서 국내 금리를 내리기도 올리기도 어려운 상황으로 보인다. 문제는 지금부터이다. 정부, 기업, 개인까지 모두 향후 벌어질 수 있는 위기에 대비해야 한다. 금융 시장의 위험은 예고 없이 갑자기 온다는 것을 잊지 말아야 한다. 한국 경제는 금리 정책을 넘어 장기적 희망을 줄 수 있는 근본적인 해결책이 필요하다. 생산 가능 인구가 줄어드는 현상을 막아야 하며, 높은 청년 실업과 함께 청년들의 고학력을 넘어 필요 이상의 교육비와 여기에 소비되는 시간도 해결해야 할 문제이다. 출산율 확대와 창업 지원 등으로 신규 일자리도 확대해야 한다. 문제점을 알면서도 해결하지 못하는 것은 기존의 문제를 미시적인 관점에서 틀 안에서만 해결하려 하기 때문임을 기억해야 한다.

금이 인류의 사랑을 받아 온 이유

오래전부터 금은 부와 권력의 상징이었다. 인류 역사를 되돌아 보면 "금을 가진 자가 세상을 지배한다"라는 말이 있을 정도였 다. 금은 귀금속이지만 사실 생활에 꼭 필요한 자원은 아니다. 금을 보유한다고 해서 이자나 배당을 받을 수 있는 것도 아니다. 그럼에도 불구하고 금은 지난 6,000년 전부터 인류 역사와 함께 하고 있다. 역사적으로 모든 국가나 사람 들은 금을 보유하려 했 다. 금이 오랜 시간 동안 인류의 사랑을 받아 온 이유는 무엇일 까? 가장 큰 이유는 희소성과 공급의 한계 때문이다. 지금까지 채굴된 지구상의 금은 17여만 톤에 불과하다. 이를 녹여서 부으 면 수영장 세 개에 그치는 수준이다. 더구나 금을 채굴하는 방법 은 지금도 수천 년 전과 크게 다르지 않다. 그만큼 채굴이 쉽지 않고 고비용이 발생한다. 누군가 새로운 금광을 개발해서 생산 까지 하려면 적어도 5~10년이 소요된다. 향후에도 공급이 비약 적으로 증가하기 어렵다. 금은 영구성과 보존력이 매우 높다. 바 닷속에서도 변색되거나 녹슬지 않고, 오랜 세월이 흘러도 원래의 상태를 유지한다. 수십, 수백 년 전 배의 침몰과 함께 바다에 가라앉은 금을 찾아내는 기업이 주식 시장에 상장되어 있을 정도이다.

이러한 특성 탓에 금은 기원전 2,600여 년 전부터 화폐의 역할을 해 왔다. 금이 함유된 화폐가 처음 사용된 것은 기원전 800년경이다. 한 국가가 주권을 유지하기 위해서 금은 없어서는 안 될 자산이었다. 금이 없어서 국가가 파산에 이르기도 하고, 금을 차지하기 위해 전쟁을 일으키기도 했다. 따라서 전쟁 등 국가가 위험에 처하면 어떠한 자산보다도 금을 가장 먼저 안전한 곳으로 이동시켰다. 전쟁처럼 나라가 큰 위험에 빠질 경우 기존 화폐의 가치는 사라지고 오직 금으로만 전쟁을 치러야 했기 때문이다. 2차 세계대전 중에도 영국, 프랑스 등은 금을 독일군에게 뺏기지 않기 위해서 은밀하고 안전한 곳으로 이동시켰다. 우리나라도 6.25 전쟁 직후 한국은행이 지하 금고에 보관하던 금을 진해에 있는 해군 통제부로 옮겼지만 금괴가 담긴 89상자 가운데 순금 223kg을 북한군에게 빼앗겼다는 기록이 있다.

하지만 금이 가진 약점도 있다. 무겁기 때문에 금을 소지하고 유통하는 데에는 한계가 있다. 그래서 인류는 19세기 중반부터 20세기 중반까지 금을 담보로 종이돈을 발행하기 시작했다. 이것이 금 본위제이다. 중앙은행이 돈을 찍어 낼 때 보유한 금만큼 찍어 낼 수 있도록 하는 제도를 말한다. 그러나 경제가 빠르게 팽창하면서 충분한 금을 공급하기가 어려워졌고, 국가들이 전쟁 등 국가 위기 상황에서 금 보유량 이상의 돈을 찍어 내면서 화폐

기능이 뇌색뇌기 시삭했다. 실제로 금 본위제를 실시했던 영국은 파운드화가 기축 통화였으나 세계대전 이후 금 본위제를 포기하면서 파운드화의 힘도 함께 하락했다. 반면에 미국은 세계대전 이후인 1944년부터 금 본위제를 실시하면서 달러를 글로벌 화폐로 만들 수 있었다. 이후 미국도 베트남 전쟁을 치르면서 1971년에 금 본위제를 포기했으며 이후 금값은 폭등했다.

현대에서 금을 보유하는 목적은?

—

현대 사회에서 금을 소유하는 이유는 과거와 크게 달라지지 않았다. 금 본위제가 없어졌고 가격 대비 생활에 유용하지도 않지만 금이 가진 희소성과 안전성은 달라진 것이 없기 때문이다. 금을 보유하는 첫 번째 이유는 안전 자산으로 금의 지위가 변하지 않았다는 점이다. 글로벌 경기 불안이나 국가의 경제적 위기, 국가 간 지정학적 불안한 시기가 오면 주식이나 통화 가치가 급격히 하락하는 반면 금값은 상승하는 경향이 있다. 과거 우리나라의 IMF를 떠올려 보면 당시 주식, 부동산, 환율 등 거의 모든 국가 자산이 폭락했으나 금값은 오히려 상승했다. 2008년 글로벌 금융 위기 이후 2011년까지 금값은 사상 최고 수준인 2,000달러 가까이 상승했다. 이란과 이라크와의 긴장 기간인 2007년과 2008년에도 금이 귀해졌으며, 1998년과 2008년 글로벌 위기에 따라 통화 가치가 급격히 하락했던 시기에 금값은 세 배나

뛰었다. 또한 2022년 러시아 우크라이나 전쟁 이후 금값은 천정부지로 상승했다.

　금을 보유하는 두 번째 이유는 미국의 통화 정책 리스크를 줄여 주기 때문이다. 이것은 금 가격이 달러화와 반대로 움직이는 속성에 기인한다. 금은 공급량이 일정하기 때문에 수급에 의한 변동보다는 금 가격을 표시하는 달러 유동성에 따라 가격이 정해지는 경향이 있다. 미국이 양적 완화 등의 이유로 달러를 많이 풀면 금값은 상승하게 되고, 양적 축소의 경우에는 반대 결과가 발생한다. 미국 달러를 많이 보유하고 있는 국가 입장에서는 미국 정부의 통화 정책에 따른 리스크에 노출되어 있을 수밖에 없는데, 금을 보유함으로써 이러한 리스크를 줄일 수 있다. 분산 투자 측면에서도 금 보유가 필요하다는 뜻이다. 마지막으로 금은 절대 가치, 절대 화폐 성격을 가지고 있다. 극심한 인플레이션이나 디플레이션 등 경제 상황이 불확실할수록 금은 안전 자산으로 부각된다. 또한 역사적으로 보면 안전 자산인 금과 위험 자산인 주식은 역의 상관관계를 보여 왔다. 1970년대, 2008년, 2010년 등 주식 시장 침체기에 금값은 강한 모습을 보였으나 1980년대와 1990년대 주식 시장 상승기에는 상대적으로 약세를 보였다.

금 보유는 투자보다 위험에 대비하기 위한 것

—

세계금협회에서 발표한 자료에 따르면 세계의 중앙은행들과 국제기구가 보유한 금은 3.2만 톤에 달한다. 세계에서 금을 가장 많이 보유한 미국은 8,133톤을 보유하고 있으며, 2위와 3위는 독일과 이탈리아로 각각 3,353톤과 2,452톤을 비축하고 있다. 이어서 4위와 5위는 프랑스(2,437톤)와 러시아(2,333톤)이다. 중국과 일본은 각각 2,192톤, 847톤으로 보유 순위로 보면 6위와 8위이다. 국가별 외화 자산에서 금이 차지하는 비중을 보면 미국은 78.3%, 독일과 이탈리아가 각각 74.3%, 69.5%이다. 프랑스와 러시아도 각각 63.4%, 21.1%였다. 네덜란드는 금 보유국 11위로 612톤을 보유하고 있고, 외환 보유고에서 금 비중이 70.5%에 달했다.

이처럼 유럽 국가들은 외화 자산에서 금이 차지하는 비중이 높고, 금에 대한 사랑 역시 현재 진행 중이다. 세계 주요 국가들은 1967년 이후 가장 빠르게 금 보유를 늘리고 있다. 자국의 경기 불안과 전쟁 등으로 다른 자산들의 변동성이 커지는 반면에 금의 가치는 변하지 않기 때문이다. 2014년 11월 스위스에서는 은행의 금 매각을 금지하고, 외화 자산에서 금이 차지하는 비중을 현재의 7%대에서 20%로 확대하자는 국민 투표가 있었다. 실제 투표에서는 부결되었지만 스위스의 금 보유량이 1,040톤이며, 보유 순위가 7위임에도 불구하고 금 보유를 더욱 확대하려는 이유는 국가 경제를 지키고 최악의 경우 경제 붕괴를 막는 중요한 자산이 금이라고 믿기 때문이다.

다른 국가들도 금을 현물로 보유하기 위한 노력을 강화하고 있다. 네덜란드는 미국에 보관 중인 금 122.5톤에 대한 상환을 요구했고, 지난 2014년 11월 뉴욕 연준에서 암스테르담으로 송환되었다. 네덜란드의 금 보유량 612톤 중에서 31%는 암스테르담에 두고 있으며, 뉴욕과 캐나다에 각각 31%, 20% 그리고 나머지 18%는 런던에서 보관하고 있다. 미국과 프랑스에 금을 보관하고 있는 독일 역시 자국으로 금을 회수하기 위해 노력하고 있다. 프랑스의 야당 대표인 마린 르펜이 해외에 있는 금을 프랑스로 이동시키고, 외화 자산의 일정 부분을 금으로 바꾸면서 금 매각 프로그램의 중단을 요구하기도 했다. 최근 유로화 급락과 더불어 유럽 국가들은 유로화 대신 금 보유를 늘리는 추세이다.

우리나라도 장기적인 차원에서 금 보유 확대해야
—

우리나라의 금 보유량은 어느 정도일까? 우리나라의 경제 규모는 세계 10위에 이르며, 외환 보유액은 세계 9위이다. 하지만 금 보유량은 36위에 불과하고, 외화 비중에서 차지하는 금 비중은 1.7%에 그쳤다. 현재 한국의 금 보유량은 104톤인데, 이것도 2011년부터 2013년까지 다섯 차례에 걸쳐 90톤의 금을 평균 1,628달러에 사들인 결과다. 10년이 넘게 지난 지금도 한국은행의 금 보유량은 변함이 없다. 우리나라의 금은 영국 은행에 보관되어 있는데, 금을 언제든 사고팔 수 있는 선물 시장이 영국에 있기 때문이다. 최근 금값이 2,000달러를 상회하고 있다는 점을 감안하면 한국은행의 금 투자 수익률이 높은 수준은 아니지만, 금 보유는 투자 수단보다 국가의 안정성을 위해 장기적으로 접근할 필요가 있다. 1997년 외환 위기 당시 전 국민이 장롱 속 금을 꺼내 기증했던 때를 기억해야 한다. 우리나라도 금값이 떨어질 때마다 꾸준히 금 보유를 확대해야 한다. 금 보유 확대는 불확실한 미래에 대한 가장 확실한 투자일 수 있다.

부의 대물림

이쯤에서 자본주의에 대해 다시 한번 짚고 넘어가 보자. 자본주의(Capitalism, 資本主義)란 무엇인가? 많은 나라들이 영위하고 있는 만큼 정의도 다양하다. 독일 학자 마르크스^{Karl Heinrich Marx}는 자본주의를 "이윤 획득을 목적으로 생산이 이루어지며, 노동력의 상품화와 생산이 무계획적으로 이루어지는 경제 체제"로 정의했다. 독일 경제학자인 좀바르트^{Werner Sombart}는 "생산 수단의 소유자와 생산 수단을 소유하지 않은 노동자가 시장에서 결합되어 활동하는 경제 체제이며, 영리주의營利主義와 경제적 합리주의에 의해 지배된다"라고 말했다. 정의의 차이는 있지만 이윤 획득을 목적으로 경제 활동이 이루어지는 시스템이라는 점은 같다. 세상은 이러한 자본주의에 의해 풍요로워졌으며 오랜 봉건 체제를 무너트렸다. 마르크스가 예견했던 자본주의의 몰락은 일어나지 않았고, 자율 경쟁을 통해 인류는 효용을 높이는 생산물을 끊임없이 만들어 냈다. 자본주의는 지금 이 순간에도 성장하고 있다.

여기서 주목하고자 하는 것은 좀바르트의 정의이다. 자본주의가 생산 수단의 소유자와 그것을 소유하지 못한 자, 다시 말하면 자본을 보유한 자와 그렇지 못한 노동자로 구분된다는 정의는 현재 우리 삶에 만연한 자본주의의 문제점을 가장 잘 대변한다고 보여진다. 한국의 젊은이들 사이에 퍼져 있는 수저 논란의 원인을 찾다 보면 좀바르트의 정의와 맥을 같이한다. 현재 사회가 자본의 보유 유무에 따라 빈부 격차, 불공정한 소득 재분배, 기회의 불평등이 일어난다는 사실에 의문을 제기하기 어렵기 때문이다. 유복한 환경에서 자란 사람이 양질의 교육과 좋은 일자리를 얻을 기회가 더 많은 것은 자본주의의 이해가 없어도 체감할 수 있다. 자본 축적이 많을수록 노동 이외에 자본이 만들어 낸 잉여 소득이 생기고, 그 소득을 자녀 교육에 투입하기 수월하다. 이것은 통계로도 증명된다. 미국의 경우 가난한 가정에서 태어난 사람의 42%가 성인이 되어서도 가난을 극복하지 못했다. 영국도 30%에 달했다. 자본주의가 성숙한 선진국 역시 부 또는 가난을 물려받기 때문에 누구에게나 공평한 기회가 주어지지 않는다는 것이다. 결국 내가 가난하면 내 자녀도 가난할 확률이 매우 높다. 자본주의의 미덕인 '노력한 만큼 결과를 얻을 수 있다'는 말이 어찌 보면 현실적이지 못한 상황이다.

부자는 시간이 갈수록 더 빠르게 부를 증가시킨다
—

자본주의 특성상 소득 불평등은 어쩔 수 없는 것이며, 소득 불평등 자체는 문제가 될 수 없다. 다만 소득 불균형의 정도가 문제가 되는 것이며, 이것이 소득 양극화이다. 소득 양극화란 돈 가진 사람이 더욱 부자가 되고, 그렇지 못한 사람과의 격차가 현저히 심화되는 상황이다. 왜 이런 일이 벌어질까? 영국의 정치 경제학자인 애덤 스미스Adam Smith는 저서 〈국부론〉에 이런 말을 남겼다. "장사는 자선 사업이 아니다. 푸줏간, 술집, 빵집은 자신의 이익을 위해 고기와 술, 빵을 판매한다. 즉 이기심은 인간의 본성이며 행위의 근원이다." 결국 소득의 불균형은 경제 주체들의 본성에 따른 자연스러운 현상이므로 논의의 초점을 불균형 그 자체가 아니라 양극화에 맞춰야 할 필요가 있다.

상위 소득자와 하위 소득자의 비교를 통해 소득의 양극화를 체감할 수 있다. 통계청 자료에 따르면 2022년 기준 상위 20% 가구와 하위 20% 가구의 자산 격차가 64배에 달했다. 이는 2021년 58배 대비 확대된 것이면서 역대 가장 큰 격차이다. 임대 소득이나 금융 소득 등으로 부의 편중과 이에 따른 빈부의 격차가 심각해지고 있다. 특히 산업이 고도화될수록 자본에 따른 소득이 증가한다는 점에서 빈부 격차는 더욱 커질 수밖에 없는 구조로 가고 있다. 세계불평등연구소World Inequality Report에서 발표하는 세계 불평등 보고서에 따르면 한국 상위 10%의 소득은 1990년 35%에서 2020년 45%로 확대된 반면 하위 50% 계층의 소득은 같은 기간 21%에서 16%로 낮아졌다. 문제는 시간이 갈수록 소득 양극화가 해소되기보다 더욱 심화되고 있다는 점이다. 한국의 1인당 GDP가 4만 달러 수준으로 상승했음에도 국민들이 체감하지 못하는 이유 역시 일부 계층으로의 소득이 집중되고 있기 때문이다. 실제로 연간 수억 원의 연봉 소득자가 매년 빠르게 증가함과 동시에, 최저 임금도 받지 못하는 근로자 역시 2022년 기준 275만 명을 넘어섰다. 이는 전체 근로자의 12.8%에 달한다. 2021년에 발표한 OECD의 상대적 빈곤율에서 한국은 16.7%로 비교 대상 국가들 중 4위를 점했다.

소득 양극화는 국가 경제 시스템에 위협
—

이처럼 국가의 부가 상위 계층으로만 쏠리게 되면 어느 시기에는 한계에 봉착하게 된다. 소득 불균형은 자본주의 사회에서 필요악과 같지만 이것이 소득 양극화로 치닫게 되면 곪아서 문제를 일으킨다. 무엇보다 사회 구성원 간의 갈등을 야기하고, 사회와 국가의 불안도를 높이기 때문이다. 1789년 프랑스 대혁명도 소득 불평등에서 시작되었고, 1928년 대공황과 2008년 글로벌 금융 위기 모두 위기 직전 소득 양극화가 최고조에 달했다. 2016년 영국에서 브렉시트 투표가 EU를 떠나는 쪽으로 결론이 난 것도 소득 양극화 문제가 저성장을 만나 표면화한 결과이다.

여기서 소득 양극화와 빈부 격차 등에 따른 사회적인 갈등에 대해서 언급하고 싶지는 않다. 또한 한 나라에 부자가 많아지는 것은 전혀 문제가 되지 않는다. 분명한 것은 소득 상위 그룹으로의 지나친 소득 집중이 우리나라 경제에 부정적으로 작용한다는 점이다. 부자가 일반인보다는 소비를 많이 하겠지만 그가 벌어들이는 소득에 비하면 매우 적기 때문에 결국 소비 성향(소비/소득)이 매우 낮다. 부자의 자산이 아무리 불어나더라도 하루 세 번이상 식사를 하기 어렵고, 좋은 차를 탄다 해도 유류 소비에는 한계가 있다. 또한 하루에 수백 잔의 커피를 마시거나 하루에 몇 벌씩 옷이 필요하지도 않다. 결국 부자에게 돈이 들어가면 더 이상 돈이 사회에서 큰 역할을 하지 못하며, 경제를 활성화시키지 못한다.

여기서부터 또 다른 문제가 발생한다. 부자는 대부분의 소득을 저축이나 부동산 등 투자 상품에 투자한다. 부자가 많을수록 소비보다는 부동산 등 본인이 보유한 자산 가격 상승에 기여한다. 자산 가격 상승은 단기적으로는 자산 효과를 일으켜 생활에 순기능으로 작용하지만 결국 거품을 야기한다. 국가 전체적인 소비가 늘지 않으면서 생산이 줄고, 실업 증가와 임금 감소 등 악순환으로 이어질 수 있다.

자본주의의 주인은 소비자

—

요즘 국내 경기가 어렵다고 모두들 입을 모아 이야기한다. 고물가, 고금리, 소비 침체 등은 현재 한국의 저성장 경제에 수식어처럼 따라붙는 단어들이다. 무역 의존도가 높은 우리 경제의 특수성을 고려하면 어려운 글로벌 경기를 문제 삼을 수 있다. 그럼 우리가 할 수 있는 게 아무것도 없을까? 그렇지 않다. 해결책이 있다. 소득 상위 계층보다 소비 성향이 높은 중산층을 살리면 된다. 자본주의 사회에서 경제적 부흥을 일으키려면 중산층이 많아져야 하며, 그들의 소득이 증가해야 한다. 그래야 출산율도 올라가고 소비도 늘며, 경제가 살아난다. 그러나 지금 우리나라의 중산층은 그렇지 못한 상황이다. OECD 국가 중에서 가장 일을 많이 하지만 그럼에도 부동산 등 일부 자산의 가격 급등으로 중산층의 삶은 녹록하지 않다.

미래에 대한 불확실성이 커지면서 결혼도, 출산도 어려워졌다. 우리나라의 출산율이 낮은 것은 높은 실업률과 보장되지 못하는 고용, 미래에 대한 불안에 있다. 따라서 출산 장려금이나 부동산 구입 비용 지원만으로는 해결될 수 없다. 지금 정부의 출산 관련 지원은 어찌 보면 결혼도 할 수 있고, 아이를 가질 수 있는 비교적 여유 있는 사람들에 한한 지원이다. 다시 한번 언급하자면 경제와 국가 발전을 위해서는 소비를 많이 하는 소비자, 즉 중산층이 필요하다. 이러한 중산층은 자본을 보유하지 못한 근로자들이다. 대기업들은 좋은 일자리를 만든다고 주장하지만 이 말에 속으면 안 된다. 기업은 이익 창출을 목표로 만들어졌기 때문에 직업을 만들고 고용하고 실업률을 낮추는 것은 기업이 아니라 소비자이다. 기업들은 상류층보다 중산층이 많고, 소비 시장이 크며, 경기가 좋은 곳에 대규모 투자를 한다. 결국 소비자가 직업을 만든다.

이제 결론은 나왔다. 정부의 가장 중요한 경제 정책은 중산층과 빈곤층이 성공하도록 돕는 것이다. 그럼 어떻게 도와야 할까?
정부에서 그들의 고용을 보호해야 하며, 세금을 최소화해야 한
다. 또한 국내에서 고용을 많이 하는 기업에 많은 혜택을 주어야
할 것이다. 저소득 근로자에게 복지 등을 통해 지원을 아끼지 말
고, 이를 통해 소비가 활발하게 이루어질 수 있도록 해야 한다.
자율적이고 역동적인 자본주의 시장을 위해서는 많은 법과 규제
를 풀어야 한다고들 말한다. 그러나 역설적이지만 자유로운 시장
을 위해서는 그만큼 많은 법이 필요할 수도 있다. 법과 규제는 부
의 편중으로 경제가 활성화되지 못하게 하는 상류층에 무게를
두어야 하며, 법과 규제의 수혜자는 중하류층이 되어야 한다.

중소기업이 잘돼야
나라가 산다

중소벤처기업부가 2023년에 발표한 국내 중소기업(자영업자 포함)은 2021년 기준 771만 개에 달했다. 전년 대비 5.9% 증가한 수치이다. 업체 수 기준으로 보면 국내 기업의 99.9%가 중소기업이다. 또한 중소기업 종사자는 1,849만 명으로 전년 대비 3.9% 증가했으며, 이는 전체 근로자의 80.9%에 달한다. 통계상으로 보면 국민의 대부분이 중소기업에서 근무하고 있으며, 비중 역시 점차 확대되고 있다. 중소기업이 늘어나는 것은 긍정적인 신호이다. 중소기업의 경쟁력이 모여 대기업의 경쟁력으로 이어지기 때문이다. 국가 경제가 일부 소수의 대기업에 의존하기보다 수많은 중소기업으로 분산되는 것이 국가 경제의 안정성에도 도움이 된다. 따라서 정부도 중소기업의 중요성을 인지하고 있으며, 업종별로 일정 매출액 이하의 기업들을 중소기업으로 지정하고 이들을 위한 세제 혜택 등의 정책을 지원하고 있다.

문제는 중소기업의 양적 확대 속도를 질적 수준이 따라가지 못하는 데 있다. 한국은행 자료에 따르면 국내 중소기업의 1990

년 영업 이익률은 5.9%였으나, 2020년에는 4.2%, 2022년에는 4.1%로 하락했다. 시간이 지나면서 수익성이 악화되고 있다. 또한 창업 기업들의 3년 생존율이 38.2%에 불과한 것도 수익성 둔화와 무관치 않다. 반면 10대 상장사 그룹의 매출이 전체 상장사에서 차지하는 비중을 보면 2000년대 40%에서 2020년대에 들어와서는 50%대로 확대되었다. 계열사 수 또한 2015년 595개에서 2020년에는 699개로 확대되었다. 삼성 계열사는 62개에서 59개로 축소되었으나, 현대차 그룹은 50개에서 55개, SK그룹은 87개에서 124개, 한화는 53개에서 80개, 신세계는 32개에서 44개로 대부분 크게 증가했다. 국내 굴지의 대기업마저 글로벌 경쟁력이 예전만 못하다고 걱정하는데 중소기업의 경쟁력은 말할 것도 없다. 최근 자료에 따르면 중소기업의 평균 임금은 대기업의 60% 수준에 불과했다.

중소기업은 왜 부진할까?

—

한국 중소기업의 경쟁력이 낮은 이유는 무엇일까? 일반적으로 국내 경기 둔화에 따른 저성장 국면 진입과 원가 부담 등을 이유로 보는 경향이 크다. 또한 중소기업들의 기술력 한계와 국제화가 미흡한 이유도 들 수 있다. 높은 시장 점유율과 막대한 현금을 보유한 대기업과 달리 중소기업들은 수익성이 조금이라도 떨어지면 투자가 바로 위축되고, 근로자의 근무 환경 악화로 이어진다. 그러나 보니 고급 인력의 확보가 어렵고 기술 개발을 위한 투자는 더욱 어려운 악순환에 빠지기 쉽다. 정부 입장에서도 부동산 회복이나 대기업의 투자를 장려하는 것이 단기적인 경기 부양에 효율적이다. 중소기업 육성 등이 국가 경쟁력에 중요한 요소라는 인식이 있더라도 장기적인 계획을 가지고 정책을 끌어 가기 힘들 수 있다. 그러나 정작 중요한 이유는 다른 데에 있다.

가장 큰 문제는 대기업과 중소기업 간의 종속 관계에서 기인한다. 대기업에 매출 의존도가 절대적인 중소기업은 사실상 종속 관계에 있는 대기업의 경쟁사에 제품을 공급하는 것이 차단되는 경우가 많다. 따라서 고객 다변화가 어렵고 글로벌화하기도 어렵다. 결국 장기적으로 경쟁력을 잃을 수밖에 없다. 또한 단가 인하의 압력도 무시할 수 없다. 중소기업 입장에서 납품을 지속하기 위해서는 경쟁사 대비 품질이 월등히 좋거나, 동일 품질이라면 단가가 낮아야 한다. 이 과정에서 중소기업의 수익성이 좋아질 경우 대기업은 이를 빌미로 단가 인하를 요구한다. 어렵게 기술 개발을 하더라도 제품 공급을 명목으로 대기업을 위한 기술이 되어 버리는 경우가 많다.

심지어 대기업이 핵심 인력을 빼앗아도 중소기업은 대항하기 힘들다. 중소기업에 향후 발주를 전제로 무리한 신규 투자를 유도한 이후에 다른 곳에 발주함으로써 중소기업이 하루아침에 무너지기도 한다. 이러한 대기업과 중소기업 간의 종속 관계에서 중소기업의 성장을 기대하기 어려운 것이 현실이다. 또 다른 문제는 대기업이 중소기업의 영역을 침범하는 경우이다. 이미 오래 전부터 문제되어 온 대기업들의 골목 상권 침투가 심화되고 있다. 대기업은 저성장과 수출 부진을 극복하기 위해 중소기업 혹은 자영업자의 영역까지 사업 규모를 확장하고 있다. 과거에는 동네마다 고유의 커피숍, 제과점, 슈퍼, 음식점, 극장 등이 많았지만 지금은 굴지의 대기업 브랜드를 등에 업은 프랜차이즈가 장악했다.

해결 방안은 정부의 개입뿐
—

우리나라 대기업은 산업화 이후 국가의 전폭적인 지원과 국민들의 국산품 애용을 통해 성장했다고 해도 과언이 아니다. 따라서 대기업들은 국가 경제를 위한 경영 활동을 해야 한다. 그러나 현실은 실망스럽다. 대표 기업들은 자녀들이 보유한 비상장 기업에 일감 몰아주기를 통한 상속을 부끄러워하지 않는다. 제대로 상속세를 내는 경우는 찾기 어려울 정도이다. 또한 오너들의 끊임없는 불법 행위 등 오너 리스크는 하루 이틀 이야기가 아니다. 이런 식으로 경영권을 물려받은 자녀들은 합리적인 경영이 가능할까? 투자와 고용 확대보다는 상속을 위해 자사주를 사는 데에만 집중하는 경영 방침과, 주주보다 자녀 상속이 중심인 상황에서 사회 전반적으로 이익이 상승하기를 기대하기는 쉽지 않다.

결국 중소기업 문제는 시장 스스로 해결하기 어렵다. 대기업과 중소기업 간의 상생으로 포장된 주종 관계는 다분히 이익 극대화라는 경제 논리에서 출발하기 때문에 정부의 개입이 필요하다. 정부가 나서서 무조건적인 지원이 아니라 대기업의 문어발식 사업 확장과 수직 계열화를 규제해 중소기업이 성장할 수 있는 공간을 확보해 주어야 한다. 종속이 아닌 협력 관계가 될 수 있도록 해야 한다. 수익 계열화라는 명분 아래 계열사 간 매출 밀어주기와 하청 중소기업 대한 단가 인하 등 무리한 거래는 정부가 최우선으로 감독해야 할 사안이다. 대기업이 중소기업과 수익을 함께 공유할 수 있도록 제도적 장치가 마련되어야 한다. 중소기업의 이익이 중소기업 근로자에게 공정하게 전달되어야 하는 것은 당연하다.

GREAT LEADER'S

INSIGHTS

—————— *for* ——————

STRONG ORGANIZATIONAL

P O W E R

GREAT LEADER'S INSIGHTS

| 3부 |

INSIGHTS

올바른 투자를
위한 자세

반발할 것인가 반응할 것인가

수온과 해류가 변하면 바닷속은 물론 육지의 생태계에도 큰 영향을 미친다. 수천 년을 살아온 물고기들이 떠나고 새로운 종이 빈자리를 채우는가 하면, 해상 식물과 바다 위를 나르는 철새들의 서식지도 서서히 변화를 맞이한다. 생태계 변화를 인지한 어부는 성공할 것이고 그렇지 않다면 이미 떠난 어류를 찾아 시간과 돈을 허비할 가능성이 크다. 환경 변화는 비단 자연에만 국한되지 않는다. 국가 간의 무역, 산업, 기업 같은 경제 생태계에도 변화는 존재한다. 주요 국가에서 리더들의 변화에 따른 정치 또는 외교 전략의 변화, 자연재해, 전쟁, 무역 분쟁, 신기술 개발 등 다양한 이유에 따라 경제 생태계가 변한다. 주식 시장의 유망 업종이 수시로 바뀌는 이유도 여기에 있다. 이미 쇠퇴기에 접어든 산업에서 성장 기업을 찾는다는 것은 떠난 어류를 찾아 헤매는 어부와 다를 것이 없다. 그런가 하면 고성장 산업에서 높은 성장성과 수익성을 겸비한 기업을 찾는 일은 어렵지 않다. 결국 투자의 성공 여부는 단기 정보나 타이밍보다는 시장의 변화를 바르게 인지하고 얼마나 빠르게 대응하느냐의 문제이다.

글로벌 밸류 체인의 재편
—

우리가 흔히 말하는 경제란 결국 먹고사는 문제이다. 누군가는 살아가는 데 필요한 재화를 생산해야 하며 누군가는 소비해야 한다. 국가 간에도 제품을 생산하기 위한 원자재 조달, 제조, 유통 등 소비자에게 전달되기까지 경제 상황에 따른 역할 분담이 있다. 이것이 글로벌 밸류 체인이다. 중동과 남미 국가들은 원유 등 생산에 필요한 지하자원을 생산하고, 이를 이용해서 중국 등 신흥국은 생산을 담당해 왔다. 그리고 이들이 생산한 제품들을 미국 등 선진국이 소비해 왔다. 그래서 경기 상황을 판단함에 있어 신흥국의 경우 소비보다 생산 관련 지표가 중요하고, 선진국은 실업률, 임금 상승률 등 소비 관련 지표가 중요한 판단 근거였다. 미국의 경기가 좋아지면 우리나라의 IT, 자동차 등 소비재 수출이 증가하고, 신흥국들의 경기가 좋아지면 화학, 철강, 기계 등 소재 및 산업재의 수출이 증가했다.

이러한 각도에서 보면 세계 최고 소비 국가인 미국의 경기가 활황일 경우 모두에게 긍정적이어야 한다. 미국의 경기가 확장 국면에 진입할 경우 글로벌 소비가 크게 증가하기 때문이다. 미국의 실업률은 팬데믹 시기인 2020년 10%를 크게 상회했으나, 이후 급격히 개선되면서 최근에는 3% 수준까지 하락했다. 미국 중앙은행은 경기 과잉을 막고자 0.25% 수준에 불과했던 금리를 2022년 3월부터 인상하기 시작했고, 2024년 6월에는 5.5%까지 상승했다. 우리나라와 주변 국가들을 비교해도 미국의 금리는 매우 높은 수준이다. 이러한 높은 금리는 미국의 경기에 대한 자신감에서 비롯된 것이다. 미국의 상황이 이렇게 좋다면 우리나라의 경제도 좋아져야 하는 것이 당연하다. 그런데 연일 최고치를 갱신하고 있는 미국과 달리, 한국의 주식 시장은 어려움에서 벗어나지 못했다. 그 이유는 미국의 경기 확대가 신흥국 경기 개선으로 연결되지 않았기 때문이다.

이러한 변화의 핵심은 미중 무역 분쟁에 따른 자국 위주의 무역 정책 때문이다. 특히 시장이 확대되고 있는 전기차의 경우 미국 본토에서 생산된 제품에 대해서만 보조금을 지원해 주고 있다. 이에 따라 글로벌 전기차 업체들이 앞다투어 제조 공장을 미국으로 옮기고 있는 상황이다. 미국은 수입을 많이 하지만 이제는 물건을 만들어 수출하는 나라가 되기 위해 노력하고 있음을 인식해야 한다. 미국의 제조업 부활은 결국 중국 등 신흥국들의 수출 경기에 부정적일 수밖에 없다. 우리나라의 중국 수출이 크게 감소하면서 수교 이후 처음으로 2023년에는 무역 적자를 기록했다는 점도 이러한 이유 중 하나이다.

미국에서의 경쟁력을 유지하기 위해서는 향후 미국에 공장 설립 및 직접 투자를 늘려야 한다. 우리나라는 이미 2023년 기준으로 해외직접투자(ODI, Outward Direct Investment)에서 미국이 차지하는 비중이 43.7%였으며, 이는 1988년 이후 최고치였다. 기업에게는 어쩔 수 없는 선택일 수 있으나 미국 투자 증가는 결국 국내 투자 감소로 이어질 수밖에 없다. 국내에 질 좋은 일자리가 늘어나지 못하고, 소비 둔화와 청년 실업, 저출산으로도 이어질 수 있다. 한국 경제에 큰 비중을 차지하는 무역의 경우 과거 선진국향 소비재 수출과 신흥국향 소재 및 산업재 수출 구도가 변화하고 있는 것이다.

　미국의 제조업 부활 외에도 우리가 인지해야 할 변화는 중국의 기술이 크게 향상되고 있다는 점이다. 우리의 주요 수출국이었던 중국이 이제는 수입국으로 변했고, 최근에는 중국의 소비재들이 국내 시장에 들어오기 시작했다. 소비 시장은 이미 저가의 중국 제품들로 가득 차 있고, 전기차도 국내 시장에 들어오기 시작했다. 우리의 수출 주력 시장이었던 세계 1, 2위 경제 대국 미국과 중국이 이제는 더 이상 편한 무역 대상국이 아니다.

경제 구도의 변화는 더욱 빨라질 것
—

　앞으로 글로벌 경제 구도는 과거에 보여 주었던 변화보다도 더 빨라질 것이다. 1980년대 국내 시가 총액 1위 기업은 삼성물산이었다. 당시 우리의 주력 수출 산업이 건설과 무역이었기 때문이다. 이후 IT 산업의 발전과 선진국들의 소비 확대에 힘입어 지금은 삼성전자가 1위를 차지하고 있다. 하지만 안심만 할 것이 아니라, 향후에도 삼성전사가 국내 최고의 기업으로 유지될 수 있을지 고민해야 한다. 경제 구도의 변화 속에서 글로벌 경쟁력을 보유한 기업만이 지속적으로 성장할 것이다. 국가 간의 무역 분쟁과 탈세계화는 기존 경제 생태계의 변화라는 위협 요인이 될 수 있다. 따라서 변화를 이해하는 기업의 경쟁력은 높아질 것이고, 그렇지 않을 경우 과거보다 빨리 도태될 가능성이 높다. 우리의 주식 투자 관점도 변화해야 한다. 좋은 기업을 찾기에 앞서 글로벌 경제 구도와 산업의 변화를 명확히 이해하는 눈이 필요하다. 산업을 명확히 이해했다면 그 산업을 주도하는 일등 기업에 투자하면 된다. 투자해야 할 기업은 현재의 가치가 좋은 것이 아니라 앞으로 더 좋아질 기업이어야 한다. 성공하는 투자는 세상의 변화에 앞서 미리 반응하고 대응하는 것이다.

이처럼 글로벌 상황과 경제 전체의 큰 흐름을 이해하고, 산업과 기업으로 투자를 좁혀 가는 것을 톱다운^{Top-Down} 투자 전략이라고 한다. 글로벌 경기와 국가별 GDP 성장률, 금리, 정책 변화 등 거시 경제 지표를 고려하고, 이후 투자 방향을 결정하는 것이다. 이러한 투자 전략으로 유명한 투자자로는 레이 달리오^{Ray Dalio}, 제프리 건들락^{Jeffrey Gundlach}, 조지 소로스 등이 있다. 레이 달리오는 감정에 휘둘리지 않고 다양한 글로벌 경제 지표를 기반으로 투자 의사 결정을 내리는데, 이러한 투자 철학으로 설립한 브리지워터소시에이츠^{Bridgewater Associates}를 세계적인 헤지 펀드로 키웠다. 제프리 건들락은 다양한 거시 경제 분석을 통해서 시장의 방향성과 금리를 예측해서 큰 수익을 올리기로 유명하다. 그는 더블라인캐피털^{DoubleLine Capital}을 설립했으며, 채권 시장에서의 뛰어난 투자 성과로 '채권왕'으로 알려져 있다. 또한 우리에게 너무 익숙한 조지 소로스는 거시 경제적 분석과 국제 정세를 기반으로 투자한다. 1992년 영국 파운드화를 공매도해서 일주일 만에 약 10억 달러의 수익을 올리기도 했다. 그는 자선 활동가로도 활발하게 활동하며 지금까지 우리 돈으로 약 30조 원 이상을 인권과 복지를 위해 기부했다.

방향성에 투자하라

우리나라의 경제 성장은 이미 성숙기에 접어들었음을 부인하기 어렵다. IMF 이전까지만 해도 10% 수준의 성장률을 보였으나 이후 꾸준히 하락하면서 최근에는 2% 수준까지 하락했다. 내부적으로 인구 고령화, 주력 산업의 성장성 정체, 수출 둔화 등을 고려할 경우 과거와 같은 고성장을 보이기는 쉽지 않다. 결국 국내 경제가 성숙 단계에 진입했다는 걸 인정해야 한다. 이러한 상황에서 기업들이 국내보다는 해외 투자 비중을 늘리는 것이 너무나 당연해 보인다. 은행 금리도 올라오긴 했지만 과거 고성장 시기에 비해 낮아진 것도 성장 정체의 대표적 징후이다. 성장성 둔화와 출산율 감소 등으로 부동산도 과거처럼 큰 상승을 기대하기 어려워지고 있다. 이러한 상황에서도 정부는 인구 고령화로 지출을 지속적으로 늘려야 하고, 자연스럽게 세금도 늘 수밖에 없는 구조이다. 자산을 불리기도 관리하기도 어려운 세상이 도래한 것이다. 저성장 시대로 접어들면서 주식 투자의 근본적인 이유도 바뀌고 있다. 단지 남는 자산을 불려 보자는 재테크 목적이 아니라,

저성장과 고령화에 대비하기 위한 필수 수단이 된 것이다.

성공적인 투자의 핵심

—

성공적인 투자를 위해 가장 중요한 것은 바로 올바른 종목 선
정이다. 물론 대외 변수나 경기 변동에 대한 이해가 필수적이지
만 이 역시 좋은 종목을 고르기 위한 과정 중 일부일 뿐이다. 그
런데 생각보다 많은 투자자들이 스스로를 주식 시장에서 강자로
여기는 경우가 많다. 이 같은 인식은 반은 맞고 반은 틀리다. 주
식 투자자는 해당 기업의 주주 지위를 획득하고 의결권을 행사
한다는 점에서 우월할 수 있다. 하지만 현실적으로 개인 투자자
들은 기업의 경영에 영향력을 발휘할 만큼 많은 주식을 보유할
수 없다. 오히려 일단 투자를 집행한 이후의 투자자는 약자에 가
깝다. 투자자의 생각대로 회사가 돌아가지 않아 손실이 날 경우
주식을 손절하는 것 외에는 다른 길이 없기 때문이다. 그래서 종
목 선정이 중요하다.

그렇다면 무엇을 보고 종목을 골라야 할까? 종목 선정 기법
은 다양하다. 재무 상태나 재무 비율을 고려한 기본적 분석 지표
를 비롯해 기술적 분석, 수급 분석, 투자 심리 분석 등 종목 선정
지표는 무수히 많다. 이렇게 많은 지표가 존재한다는 것은 뒤집
어 생각해 보면 정답이 없다는 의미이기도 하다. 누구나 알고 있
는 정보나 지표로는 더 이상 미래를 예측하거나 지속적으로 초

과 수익을 내기 어렵다. 따라서 투자에 있어서 자기 자신만의 투자 원칙을 세우는 것이 중요하다. 그리고 투자 경험을 통해서 원칙을 조금씩 수정해야 한다. 필자가 투자 활동을 하면서 배운 종목 선정의 원칙을 언급하고자 한다.

누구도 맹신하지 말 것
—

교과서적으로 보면 기업의 적정 주가는 기업의 미래 가치를 현재 수준에서 판단하는 과정이다. 결국 기업의 적정한 주가를 알려면 해당 기업의 미래 가치를 알아야 한다. 그런데 누구라도 기업이든 개인의 인생이든 미래를 예측하기는 어렵다. 현재의 판단이 정확해도 미래의 기업 가치는 너무나 많은 변수에 의해서 끊임없이 변한다. 사람마다 보는 시각에 따라 기업의 미래 가치 판단도 달라질 수밖에 없다. 또한 장기적으로 보면 주가는 기업 가치에 수렴한다고 하지만 단기적으로는 주식의 수급에 의해서 변동하는 경우가 허다하다. 주식이 저평가 혹은 고평가되었다는 표현 역시 주가가 단기적으로 적정 가치에 부합하지 못하는 것을 일컫는 표현이다.

그래서 투자자들은 투자 판단을 애널리스트에 의존하는 경향이 있다. 애널리스트들의 관련 산업에 대한 이해와 재무적 지식이 일반 투자자보다 높은 것은 사실이다. 문제는 기업 분석 역시 사람이 하는 일이기 때문에 같은 종목을 분석하는 애널리스트 간에도 회사에 대한 시각이 다르다는 점이다. 게다가 예상치 못한 돌발 변수마저 발생한다면 애널리스트들 간의 가치 판단 괴리는 더욱 벌어지게 된다. 일반 투자자나 애널리스트나 기업 가치를 측정하는 데 어려움을 겪는다. 심지어 해당 기업의 대표 이사조차도 자신이 경영하는 회사의 미래 수익을 예측하기 어렵다. 따라서 아무리 전문가라고 할지라도 누군가의 주식 투자 판단을 맹신하는 것은 너무나 위험한 일이다.

밸류가 싸다고 주가 상승을 의미하는 것은 아니다
—

종목을 고르기에 앞서 우리는 성장주에 투자를 할 것인지, 가치주에 투자를 할 것인지를 결정해야 한다. 성장주 투자는 AI, 헬스 케어, 2차 전지 등 고성장 산업에 속해 있는 기업들에 투자하는 것을 말한다. 그러나 성장류로 분류된 회사들이 모두 성장하는 것이 아니다. 현재 판단으로는 성장주로 보이지만, 거시 변수나 경쟁 구도 속에서 성장성이 급격히 퇴화하는 기업들이 부지기수다. 한편 가치 투자는 미래보다는 현재의 가치를 기준으로 종목을 고르는 방법이다. 그래서 미래 가치에 의미를 부여하는 성장주 투자보다 상대적으로 어렵지 않다. 가치주의 범주에 있는 기업들은 미래 성장성은 높지 않지만, 산업이 안정화되어 있고 대개 대규모 선투자가 필요한 경우가 많기 때문에 신규 경쟁사들의 진입이 쉽지 않다. 그렇기 때문에 가치주는 밸류Valuation가 싸야 한다. 아무리 좋은 회사여도 비싸면 가치주가 아니다.

자산 운용사와 같은 기관 투자자 입장에서 보면 가치주만큼 쉬운 투자가 없고 고객들에게 어필하기도 쉽다. 가치주는 현재 기준으로 싸기 때문에 주가 하락 가능성이 낮고, 장기 투자 성격이 강해서 가치주 펀드에 가입한 투자자들이 참고 기다려 준다. 그러나 가치주 투자의 큰 함정이 있다. 가치주의 주가는 밸류 지표가 싸기 때문에 하락 가능성은 낮지만 그렇다고 상승을 의미하는 것은 아니다.

주가 수익률과 주가 순자산 비율에 대한 오해

—

투자에 있어서 기업의 현재 주가의 저평가 여부를 판단하는 지표 중에서 가장 널리 알려진 것은 주가 수익률[PER]과 주가 순자산 비율[PBR]이다. PER은 이익이 많이 날수록 낮아지고, PBR은 기업의 자산이 증가할수록 낮아진다. 따라서 PER과 PBR 등 가치액이 낮다는 것은 그만큼 저평가되어 있다고 볼 수 있고, 일반적으로 이러한 지표가 낮을 때 기업에 투자하는 것이 바람직하다. 그러나 앞에서 언급했듯이 밸류가 낮다고 해서 무조건 주가 상승을 의미하는 것은 아니다.

PER은 회사의 이익 창출 능력을 가장 잘 설명해 주기 때문에 주로 성장주 투자 지표로 활용된다. 그러나 PER 지표로 기업을 판단하기에는 너무나 많은 오류가 있다. 먼저 PER은 특정 시점에서의 수치이기 때문에 가령 일시적으로 비용이 늘거나, 대규모 투자 집행으로 영업 실적이 일시적으로 부진할 경우 매우 높게 나올 수 있다. 그러다가 투자 회수기에 진입할 경우 이익이 급등하면서 다시 낮아지게 된다. 올바르게 투자하려면 기업이 변화를 꾀하기 위해 설비 투자를 확대할 때 미리 투자해 놓는 방법이 맞다. 그런데 PER을 보고 투자할 경우 기업의 투자 집행기보다 투자 회수기에 들어갈 가능성이 높다. 많은 투자자들이 PER이 낮은 기업을 싸다고 느끼기 때문이다. 증시 격언 중에 "고PER에 사서 저PER에 팔라"라는 표현도 이 때문이다. 무엇보다 기업들의 이익이 경기에 후행적으로 반영되는 것이 일반적이다. 따라서 이익을 기초로 한 PER 지표로만 회사를 선정할 경우 낭패를 보는 경우가 생길 수 있다.

반면에 PBR은 기업의 자산 가치를 기본으로 하고 이익에는 큰 영향을 받지 않는 지표이기 때문에 가치주 투자자들이 많이 보는 지표이다. PBR에서 중요한 숫자는 1이다. PBR이 1이라는 의미는 기업의 BPS(1주당 자산 가치)와 주가가 같다는 의미이다. 결국 PBR이 1 이하라는 의미는 현재의 기업 가치(시가 총액)가 회사 자산을 모두 청산한 것보다 낮다는 의미이고, 이익이 발생하는 기업의 경우 향후 PBR은 더 낮아질 것이다. 하지만 PBR 지표 역시 금리의 하락 시기나 통화 가치가 떨어지는 시기에는 평가 기준으로 삼기 어렵다. 금리가 하락하고 원화가 약세를 보이는 시기에는 일반적으로 가치주들의 주가가 약세였던 반면, 성장주들의 주가가 좋았다. 금리가 하락하고 화폐 가치가 하락한다는 뜻은 기업이 보유하고 있는 자산 가치가 하락한다는 의미이기 때문이다. 반면에 부채 비율이 높고 자금 조달을 통해 대규모 설비 투자를 해야 하는 성장주에게는 좋은 환경인 셈이다.

모멘텀보다 방향에 투자하라

—

주가 상승의 강한 원동력은 기업의 성장 모멘텀이다. 그래서 투자자들은 기업의 대규모 수주, 설비 투자 등 호재에 늘 관심을 갖는다. 많은 개인 투자자들이 이유 없이 가격이 오르는 주식을 따라 사기도 한다. 자기가 모르는 호재가 있어서 주가가 오른다고 생각하기 때문이다. 그런가 하면 누군가가 비밀이라고 건네는 정보를 믿고 종목 매수에 나서는 경우도 있다. 몇몇 사람만 알고 있는 고급 정보라고 생각하지만 회사 내부자가 아닌 이상 나에게 정보를 준 누군가도 여러 채널을 통해서 정보를 받았을 가능성이 높다. 이미 많은 사람들이 알고 있다는 뜻이다. 게다가 큰 기업일수록 회사에 투자한 투자자들이 많기 때문에 나만 아는 정보란 거의 없다. 기업 내부의 정보뿐만 아니라 외부 정보에 의존하는 것 역시 조심해야 한다.

대표적인 것이 경기 판단이다. 어떤 기업이 아무리 내실이 있더라도 불황기에 홀로 좋은 실적을 내기는 어렵다. 그래서 투자자들은 경기 상황을 늘 주시하게 되는데 이것 역시 쉽지 않다. 경기에 영향을 주는 요소들이 너무나 많고, 자연재해나 전쟁처럼 돌발적으로 발생하는 사건이나 이슈에 따라 수시로 변하기 때문이다. 결국 기업 분석의 함정에서 벗어나는 방법은 기업의 가치가 주가에 반영되었다고 보는 것이다. 그리고 모멘텀을 미리 알고 주식을 사는 것 역시 불가능하다고 믿는 것이다. 앞에서 여러 번 언급했듯이 밸류가 낮다는 것은 단지 주가 하락 가능성이 낮다는 정도로 이해하는 게 좋다. 주식 투자는 주가가 올라야 이기는 게임이지만 내가 매수한 종목이 하락할 확률이 낮다는 것만으로도 이미 투자의 반은 성공한 셈이다.

　주가 하락 가능성이 낮은 기업을 찾았다면 다음으로 해야 할 일은 주가가 상승할 가능성이 높은 기업을 찾는 것이다. 주가가 상승한다는 말은 기업의 미래 가치가 올라간다는 의미이다. 앞으로 좋아질 기업, 성장할 기업을 찾는 것은 쉽지 않다. 어떤 회사라도 자신들의 회사는 앞으로 좋아질 것으로 믿기 때문인데, 만약 그렇지 않다면 오너는 기업을 매각하든지, 기업의 자산을 자신의 주머니로 옮기기 바쁠 것이다. 앞으로 성장할 가능성이 높은 기업을 찾는 가장 쉬운 방법은 성장성이 높은 산업을 먼저 찾는 것이다. 성장성이 높은 산업에 있는 기업들은 향후 성장 모멘텀이 발생할 가능성이 높다.

　기업의 경쟁력이 다소 낮아도 성장 산업에 있는 기업들은 대부분 고성장을 이어 간다. 2000년 전후 세상에 없던 인터넷 인프라가 구축되면서 관련 기업들은 너 나 할 것 없이 인터넷 기업이라는 이유로 주가가 큰 폭으로 상승했고, 중국의 소비 시장이 확대될 때에는 화장품, 여행 등 소비재 관련 주식들이 대부분 상승했다. 최근에는 2차 전지, AI 등에서 같은 경험을 했다. 따라서 성장성이 높아 보이는 기업을 찾는 것보다 큰 그림으로 성장 가능성이 높은 산업을 찾고, 대표 기업을 매수해서 참고 기다리는 것이 중요하다. 이것이 방향성 투자이다. 기업에 대한 접근이 어려운 일반 투자자일수록 성공 가능성이 높고, 단기 투자도 장기적인 그림이 좋아야 성공할 수 있다.

이러한 방향성 투자로 유명한 인물로는 크리스 로코스Chris Rokos, 폴 튜더 존스Paul Tudor Jones, 루이스 베이컨Louis Bacon 등이 있다. 크리스 로코스는 헤지 펀드인 RCMRokos Capital Management의 설립자로 거시 경제적 지표를 기반으로 시장 방향성을 예측하는 데 뛰어난 능력을 보였다. 폴 튜더 존스는 튜더인베스트먼트Tudor Investment Corporation의 창립자로 시장의 방향성을 예측하여 큰 성공을 거두었고, 1988년에는 뉴욕시의 빈곤 문제를 해결하기 위해 로빈후드재단Robin Hood Foundation을 설립했다. 또한 무어캐피털매니지먼트Moore Capital Management의 설립자 루이스 베이컨 역시 글로벌 경제 지표를 기반으로 시장의 방향성을 예측하는 데 탁월한 능력을 보였으며, 1992년 무어자선재단Moore Charitable Foundation을 설립하여 자연 보호를 위한 단체를 지원하고 있다.

투자는 기다리는 자가 승자
—

좋은 종목을 고른 후에 가격 변동을 견디지 못하고 중도에 하차하는 경우를 종종 본다. 밸류에이션이 매력적이고 향후 성장 가능성이 높은 기업을 선정했다면 가장 중요한 미덕은 바로 기다림이다. 어떤 기업의 성장 모멘텀이 부각될 경우 해당 주가는 정상적인 수준으로 순식간에 상승한다. 투자가 어려운 것은 사실 종목 선정보다도 주식을 매수한 이후 가격 변동을 참기 어렵기 때문이다. 기다림에도 끈기가 있어야 한다. 막연한 기다림이 되지 않기 위해 주식을 잘 골라야 하는 것은 아무리 말해도 지나치지 않다. 종목을 제대로 골랐고 매수할 때의 생각이 변하지 않았다면 조금 오른다고 팔거나 당장 손실을 본다고 해서 손절하면 안 된다. 우리 속담에 "뛰는 자 위에 나는 자 있다"라는 말이 있다, 증시 격언은 조금 다르다. 뛰는 자 위에 나는 자 있고, 나는 자 위에 기다리는 자가 있다.

　계절을 예측하고 이에 대응은 할 수 있으나 어떤 특정한 날의 날씨를 예측하기는 어려운 것처럼 주식도 마찬가지이다. 단기적인 수익을 위해 노력하기보다는 장기적인 안목에서 참고 기다리는 인내가 성공 투자로 이끌 것이다.

귀보다는 눈으로

마라톤에서 2등이 1등만 보고 뛴다면 경기가 끝날 때까지 선두를 넘어서지 못한다. 기업도 마찬가지이다. 후발 기업이 1등 기업의 히트 상품을 따라가기 위해 노력한다면 영원히 1등 기업을 넘어서지 못할 것이다. 사업도 똑같다. 이미 성공한 아이템에 확신을 얻어 뒤늦게 시작한다면 그 사업은 레드 오션이 된 이후이다. 많은 사람이 이미 시작했으며, 시장은 과열 국면에 진입했을 가능성이 높기 때문이다. 1등을 넘어서고 후발 업체들이 따라오지 못하도록 하기 위해서는 끊임없는 혁신이 있어야 한다. 결국 남이 보지 않는 곳을 먼저 보고, 먼저 생각하고, 행동에 옮길 수 있어야 성공할 수 있다.

이러한 사고는 주식 시장에서도 마찬가지이다. 주식 투자에 실패하는 사람들은 대부분 스스로의 분석과 판단보다는 남들이 좋아하는 주식, 사람들이 다 좋다고 하는 주식을 뒤늦게 따라서 사는 경우가 대부분이다. 주식 시장이 활황이며, 주가 지수가 오를 때 증권사들은 지수가 더 오를 거라고 전망한다. 또한 이를 바탕으로 언론 역시 주식 시장에 대한 긍정적인 뉴스를 아끼지 않는다. 주식 투자를 안 하던 사람들도 뒤늦게 들어오는 경우가 많으며, 이럴 경우 주식 시장 상단에서 주식을 매수하는 오류를 범하게 된다. 이러한 오류에 스스로 빠지지 않기 위해서는 어떻게 해야 할까?

청개구리가 되자
—

우선 주식 시장에 대한 시황이나 전망을 쉽게 신뢰하면 안 된다. 주식 시장에 미치는 요소들이 너무나 많고 다양하기 때문에 모든 걸 고려해서 전망하기란 사실상 불가능하다. 생각지도 못했던 사건 사고는 물론이고, 국가 간 서로 영향을 주고받는 경제 상황에서 언제 어디서 어떠한 일이 발생할지 예측하기 어렵다. 또한 우리가 주식 시장의 시황을 전망할 때 과거 통계 자료를 바탕으로 하는데, 주식 시장은 과거의 모든 지표가 이미 반영이 되어 있고 향후 미래에 대한 기대치까지 반영되어 움직인다. 따라서 주식 시장 전망은 주가 지수가 좋을수록 강세장을 전망하고, 어려운 약세장에서는 좋지 않은 전망이 나올 수밖에 없다. 그러나 주식 투자에서 성공하기 위해서는 약세장에서 주식을 사야 하고 강세장에서 팔아야 한다. 결국 남과 다르게 행동해야 성공할 가능성이 높다.

다음으로 우리가 조심해야 할 점은 상승 종목이 많아질 때이다. 주식 시장이 폭등할 경우 그리 좋지 못한 기업들도 덩달아 주가가 오르면서 상승 종목 수가 평상시보다 월등히 많아진다. 이럴 경우 많은 투자자들이 종목을 보는 투자 안목이 관대해지고, 기업들의 주가가 실제 가치보다 오르면서 오버슈팅이 발생한다. 즉 고평가 국면에 진입할 수 있다. 이때 분위기에 휩싸여 매수할 경우 손해를 볼 가능성이 높다. 반대로 약세장에서는 우량주 할 것 없이 많은 기업들이 본질 가치보다 낮게 평가되면서 좋은 기업들이 저평가되기 쉽다. 바로 이때가 투자 시점으로는 최적이다. 결국 성공하는 투자자는 모두가 매도하라고 외칠 때 매수하는 용기가 필요하고, 반대로 모두가 매수하라고 할 때 주식 시장을 떠나야 한다.

결론적으로 주식 시장에서는 남과 다른 의사 결정을 하는 청개구리 투자자가 큰 수익을 내는 경우가 많다. 워런 버핏은 "다른 사람들이 두려워할 때 탐욕스럽고, 다른 사람들이 탐욕스러울 때 두려워하라"라는 투자 철학으로 유명하다. 템플턴펀드Templeton Funds의 설립자인 존 템플턴John Templeton도 시장이 비관적일 때 주식을 매수하는 전략으로 잘 알려져 있다. 또한 영화 〈빅쇼트〉의 실제 주인공으로 알려진 사이언 애셋 매니지먼트Scion Asset Management의 CEO 마이클 버리Michael Burry는 2006년 저금리에 따른 경제 활황 시기에 미국 경제 하락에 베팅해서 2008년 금융 위기 때 수조 원의 수익을 낸 것으로 알려져 있다.

미인을 좋아하면 실패한다

—

미인주에 대한 투자는 매우 신중해야 한다. 시장의 주가 상승을 주도하는 미인주, 테마주 같은 종목들은 많은 투자가들이 이미 보유하고 있을 가능성이 높다. 하루가 멀다 하고 언론에서 칭찬을 아끼지 않을 뿐만 아니라 증권사에서도 자주 추천 리스트에 올린다. 노출이 많은 만큼 주가가 급등해 있을 가능성이 높으며, 향후 좋은 뉴스가 이미 주가에 반영되어 있다고 봐도 무방하다. 주식 투자의 기본은 저평가 주식을 사서 그 가치가 주가에 반영되었을 때 파는 것이다. 그런 차원에서 보면 이런 주식들은 어쩌면 더 이상 투자할 가치가 없는 주식들이다. 그럼에도 불구하고 테마성 주식에 수급이 몰리면서 엄청난 거래량과 급등락을 반복하는 것은 투자자들이 대부분 장기 투자보다 단기 성과에 급급하기 때문이다.

그럼 어떤 종목에 투자하는 것이 바람직한가? 당연한 결론이지만 성공적인 투자의 출발은 소외주가 좋다. 미인주보다는 미인주가 될 가능성이 있는 주식을 사는 것이다. 소외주를 찾는 방법은 의외로 간단하다. 투자자들의 관심이 없는 만큼 주가도 육안상 크게 낮아졌을 것이며, 주가 역시 오랜 기간 바닥권에 머무르고 있을 것이다. 매수세가 없고 그나마 보유했던 사람들도 더 이상 기다리지 못하고 팔면서 주가가 회사의 본질 가치보다 크게 하락한 종목이 바로 소외주이다. 이런 종목을 매수하면 리스크가 매우 낮다. 장기간 소외되다 보니 주가가 더 떨어질 위험이 적다.

이러한 수식을 사서 기다리면 큰 수익을 거둘 수 있다. 물론 주가가 안 올랐다고 전부 소외주라는 의미는 아니다. 여기서 말하는 소외주란 기업의 본질 가치보다 낮아진 저평가 기업을 말한다. 본질 가치 회복이 당장 진행되지 않을 수 있기 때문에 어느 정도의 장기 투자를 각오할 필요가 있다.

예쁘고 착한 여자, 혹은 잘생기고 인격 좋은 남자
—

아직 결혼을 하지 않은 후배가 자주 하는 말이 있다. 언제든 예쁘고 착한 여자가 있으면 지금 바로 결혼하겠다는 것이다. 그래서 두 조건을 모두 갖춘 여자를 어떻게 찾냐고 반문하니 돌아오는 대답이 가관이었다. 예쁜 여자는 한눈에 알 수 있으니 예쁜 여자들 중에서 착한 여자를 찾으면 된다는 것이다. 여기서 중요한 것은 눈으로 판단할 수 있는 외적인 것은 쉽게 판단할 수 있다는 것이고, 시간이 걸리는 내적인 것은 천천히 판단한다는 것이다. 배우자 선택의 중요한 요소는 당연히 신뢰와 사랑이지만 여기에서는 투자자 입장에서 나누는 주식 이야기이므로 농담조로 단순히 생각해 보자.

앞서 투자하기 좋은 종목이란 향후 전망과 펀더멘털이 좋으면서 주가가 오르지 못한 종목이다. 이 두 가지를 충족할 수 있는 종목을 어떻게 찾을 수 있을까? 예쁘고 착한 여자 또는 잘생기고 인격 좋은 남자를 찾는 방법과 비슷하다. 많이 오르지 못한 종목은 차트를 통해 간단히 찾을 수 있다. 반면에 펀더멘털이 좋고 향후 미래 전망이 좋은 종목을 찾기에는 시간이 걸린다. 결론적으로 오르지 못한 종목 중에서 펀더멘털이 좋은 기업을 찾는 것이다. 반면에 거의 매일 넘쳐 나는 증권사 추천 종목의 경우 펀더멘털은 좋은데 이미 주가가 크게 오른 경우가 많다. 물론 추가적인 상승이 나올 수도 있지만 김 빠진 콜라에 가깝다.

그동안 오르지 못한 종목은 검색을 통해 불과 몇 분이면 찾을 수 있으며, 이후는 펀더멘털 분석의 영역이다. 펀더멘털 분석도 쉬운 것부터 해야 한다. 판단하기 어려운 미래에 대한 수익 전망보다는 과거의 영업 이익 등 재무제표를 먼저 분석하는 것이다. 일반적으로 과거에 좋은 실적을 낸 기업이 미래에도 좋은 실적을 낼 가능성이 높다. 과거의 실적이 좋았음에도 불구하고 주가가 그동안 오르지 못한 기업을 찾았다면 주식 투자의 반은 성공했다. 반면에 과거 실적이 좋지 않은 기업일 경우 향후 미래를 전망해야 한다. 그러나 이런 기업일수록 실적이 개선된다면 주가 상승 폭이 클 것이며, 매력적이지 못했던 가치 지표는 점차 매력적으로 바뀔 수 있다.

마지막으로 기업의 미래를 전망하는 것은 쉽지 않지만 반드시 해야 하는 과정이다. 기업의 주가란 미래의 가치를 반영하기 때문이다. 기업의 미래 가치 판단은 기업이 속해 있는 산업의 성장성, 재무 안정성, 시장 점유율, 기술력 등 많은 요소들에 영향을 받는다. 회사의 사업 보고서 등을 통해 어느 정도의 필요한 정보는 쉽게 알 수 있으나, 미래에 대한 전망은 본인 스스로 판단해야 한다. 그러나 최소한 앞에서 설명한 수준의 과정으로 종목을 찾는다면 주식 투자에서 크게 손해 보는 일은 없을 것이다. 또한 공부하는 자세로 주식 투자에 임한다면 기업의 미래에 대한 판단도 쉽게 할 수 있다.

쉬운 것부터 하되 스스로 하자. 이것이 투자자들에게 건네고 싶은 조언이다. 주식 투자에서 남들이 투자하는 것을 따라 해서 한두 번 성공할 수는 있어도 장기적으로 절대 성공할 수 없다. 쉽게 투자해서 쉽게 성공할 수 없다는 뜻이다. 자기만의 투자 철학을 구축하고 이러한 철학을 바탕으로 오차를 수정해 가면서 장기 투자를 하다 보면 주식 시장에서 크게 성공하고 우리가 말하는 대박이 찾아온다. 본인의 투자 철학이 없다면 주식 투자를 하지 않는 것이 최선일 수 있다. 주식 투자는 남의 말을 듣고 하는 것이 아니라, 내 눈으로 직접 확인하고 스스로 해야 한다는 것을 잊지 말아야 한다.

투자와 투기를 구분하라

우리나라 청소년들의 수학 실력이 세계적으로 뛰어나다는 것은 널리 알려진 사실이다. 그런데 세계 청소년 수학 경시대회에서 한국 청소년들에게 수학을 잘하느냐고 물었더니 23%만이 그렇다고 대답한 반면, 성적이 안 좋은 미국 학생들은 68%가 잘한다고 대답했다고 한다. 이유는 간단하다. 한국 학생들은 수학 공부를 열심히 해 봤기 때문에 수학이 얼마나 어려운지도 알고 수학을 잘하는 사람이 많다는 것도 안다. 아는 만큼 겸손해질 수밖에 없는 이유이며, 아는 만큼 보인다는 말과도 상통한다. 반면에 무식한 사람이 용감하다는 말처럼 모르는 만큼 지나친 자신감에 빠지기 쉽다.

주식 투자도 마찬가지이다. 투자를 통해 수익을 내는 것은 매우 어렵지만 많은 투자자들이 자신은 쉽게 수익을 낼 수 있을 거라고 생각한다. 주식 투자는 초보자들도 쉽게 진입할 수 있고, 매매가 쉽기 때문이다. 따라서 차트를 보는 법 정도로 충분히 투자자로서 준비가 됐다고 착각하는 경우가 많다. 또한 투자자들은 자신의 **투자** 철학과 **투자** 판단이 우수하고, 스스로 많은 정보를 알고 있다고 믿는다. 따라서 자신의 투자가 남보다 더 큰 수익을 올릴 것이라고 확신한다. 투자를 넘어서 투기에 가까운 투자조차도 자신의 능력으로 인식하는 경우가 있다. 그러나 결과론적으로 보면 주식 투자를 통해 일확천금을 기대하지만 대부분 그렇게 큰 수익을 내는 경우는 드물다. 오히려 투자 실패로 고통스러워하는 경우가 더 많다. 주식 투자로 수익을 내는 것이 왜 이토록 어려울까? 이유는 간단하다. 투자가 아니라 투기를 했기 때문이다. 투자와 투기는 쉽게 구분하기 어렵고 사실 매우 유사하다. 그래서 많은 사람들이 자신은 남과 다르다고 생각하고 투자가 아닌 투기를 한다. 그러나 투자와 투기는 자금의 형성 과정부터 다르다.

수익과 리스크

—

카지노에서는 이겼을 경우 베팅한 만큼의 수익이 난다. 그렇지 않을 경우는 그만큼 잃게 된다. 큰돈을 베팅하면 크게 벌 수 있지만 그만큼 크게 잃을 수도 있다. 조금 베팅해서 이기면 크게 벌고, 크게 베팅해서 지면 조금 잃는 게임은 없다. 투자도 마찬가지이다. 모든 금융 상품의 수익과 리스크는 각기 다른 방향으로 비례해서 커진다. 높은 수익이 기대되는 투자 대상은 그만큼 리스크가 높을 수밖에 없다. 높은 수익에 낮은 리스크 투자 대상은 없다. 만약 그런 투자 대상이 있다면 낮은 리스크만큼 가격이 올라 수익률이 낮아질 것이다. 가장 좋은 투자는 수익과 리스크를 최적의 수준으로 관리하는 것이다. 그러나 투자자의 성향과 보유한 자금의 성격에 따라 편향될 수 있다.

자산이 많은 부자는 돈을 지키기 위해 높은 수익률보다 리스크 관리를 철저히 한다. 부자이기 때문에 리스크 관리를 더 중요하게 생각하는 것이 아니다. 투자에 있어서 늘 리스크 관리를 철저히 했기 때문에 부자가 된 것이다. 반면에 그렇지 않은 사람은 큰 수익률을 위해 리스크 관리를 소홀히 하며, 결국 실패할 가능성이 높아진다. 고위험, 고수익 투자 대상으로 운이 좋아 한두 번은 성공할 수 있지만 길게 보면 실패할 가능성이 매우 높다. 부자가 투자에 성공할 확률이 높고, 투자에 실패하는 사람은 늘 실패하는 이유이다. 투자에서는 실패가 성공의 어머니가 될 수 없다. 투자를 하지 않고 투기를 한다면 성공은 영원히 오지 않는다.

그렇다면 투자와 투기는 무엇일까? 투자와 투기는 이익을 추구한다는 점에서는 비슷하지만 접근 방법에 있어서 큰 차이가 있다. 사전적 의미로 보면 투자는 생산 활동을 통해 이익을 추구하지만 투기는 생산 활동과 관계없이 이익을 추구한다. 다시 말하면 투자란 수익을 목적으로 투자 본질의 가치 상승에 주목하는 반면 투기는 시세 차익에만 주목한다. 주식 투자로 보자면 차트와 패턴만 보고 투자한다면 투기이고 회사의 본질 가치를 고민하고 투자했다면 투자이다. 결국 가장 중요한 것은 투자 대상의 본질적인 가치 변화에 주목하느냐 시세 차익에 주목하느냐이다.

투자와 투기를 구분하는 세 가지 방법

—

투자와 투기를 구분하기는 쉽지 않으나 크게 봤을 때 세 가지가 다르다. 첫째는 앞에서 언급한 본질적인 가치의 상승과 시세차익이다. 투자는 투자 대상과 관련된 정보를 수집하고, 이를 분석함으로써 리스크를 최소화하는 것이다. 또한 높은 수익보다는 손해 보지 않기 위해 노력한다. 반면 투기는 정보가 부족한 상태에서 분석 없이 막연히 투자를 진행하고 시세와 수급만 보고 좋은 결과를 기대한다. 둘째로 단기간에 고수익을 바라는 마음은 투자가 아니라 투기이다. 투자란 투자 대상의 본질 가치가 상승하기를 기다린다. 어떤 투자 대상도 단기간에 본질 가치가 급상승하기는 어렵다. 단기간에 수익을 내려고 노력하는 것은 본질 가치보다는 수급에 의한 시세 차익이다. 마지막으로 투자와 투기에 있어서 투자 자금 구성에도 차이가 난다. 같은 투자 대상에 같은 금액을 투자해도 투자자의 보유 자산에 따라 투자가 될 수 있고 투기가 될 수 있다. 아무리 좋은 투자 대상이 있어도 무리하게 빚까지 내서 투자하면 투기이다. 성공 가능성이 높다고 해도 리스크를 감내할 수 있는 수준이 안 되기 때문이다.

투자에 자신 있다면 이미 실패

—

앞에서도 언급했지만 투자를 통해 원하는 수익률을 달성하는 것은 쉽지 않다. 아무리 유능한 투자자도 장기적으로 꾸준히 수익을 내는 경우는 매우 드물다. 주식 투자가 쉽다고 생각하는 순간 이미 투자자로서 성공하기는 어렵다. 주식 투자를 통해서 지속적으로 좋은 결과를 얻는 투자자는 극소수에 불과하다. 주식 투자를 통해 성공하기 위해서는 수많은 회사를 방문해야 하고 많은 정보를 수집하고 분석하는 등 피나는 노력이 필요하다. 그런 과정 없이 난 수익은 그저 운일 뿐이며 결국 비극으로 종결된다. 주식 시장에서 큰 수익을 내서 화려한 삶을 사는 사람보다 비참한 결과로 어려움을 겪고 있는 투자자들이 월등히 많다. 성공에 대한 기대감보다는 실패에 대한 두려움을 먼저 인식하고 자신은 특별하다는 생각을 버리는 자세가 일차적으로 필요하다. 투자 철학도 없고 준비되지 않은 투자자들의 결론은 뻔하다.

주식 투자, 꼭 해야 할까?

유럽의 봉건주의는 18세기 후반 산업 혁명 이후 자본주의로 빠르게 대체되었다. 자본주의는 이후로도 200여 년 동안 발전해왔고, 기술의 진보와 대량 생산, 대량 소비, 국가 간 무역 자유화 등이 자본주의 발전에 큰 몫을 한 것으로 알려져 있다. 그러나 여기에 중요한 것이 하나 더 있다. 바로 주식 시장의 발전이다. 주식 시장이 있었기 때문에 지금의 자본주의가 존재한다고 해도 결코 과언이 아니다. 세계 최초의 주식회사는 산업 혁명이 본격화되기 전인 17세기 초에 생겨났다. 당시 유럽 국가들은 앞다투어 동방 무역에 힘을 쏟았는데, 1602년에 올던바르너펠트^{John van Oldenbarnevelt}는 과당 경쟁을 막기 위해 여러 회사들을 모아 하나의 큰 회사를 만들었다. 이 회사가 세계 최초의 주식회사인 동인도 회사(VOC, Vereenigde Oost-Indische Compagnie)이다.

유럽의 수많은 국가들 중에서 주식 시장이 처음으로 네덜란드에 생긴 이유가 있다. 영국, 프랑스, 스페인 등 유럽의 경쟁 국가들은 자금이 풍부한 왕족과 귀족 들의 지원으로 대포 등 무기까지 보유한 선박으로 무역을 할 수 있었으나, 왕이 없던 네덜란드는 무역을 위한 자본이 부족했다. 그래서 일반인들의 투자를 받아야 했고, 투자자에게 이익을 분배하기 위해 소유권을 표시한 권리 증서가 발행되었다. 이것이 바로 주식의 시초이다. 지금도 주식을 위험 자산으로 분류하지만 당시에는 지금과 비교할 수 없을 정도로 높은 위험에 노출된 투자였다. 무역 때문에 경쟁국과 전쟁을 하기도 했고, 보물을 실은 배가 해적을 만나기도 했다. 무엇보다 예측하기 어려운 날씨로 선박이 난파되기 일쑤였다. 그럼에도 권리 증서(주식)에 투자하는 사람이 많았던 것은 일단 배가 무사히 돌아오기만 하면 엄청난 이익을 낼 수 있었기 때문이다. 무역 회사는 자금 조달과 이송 과정에서의 높은 리스크를 많은 투자자에게 분산할 수 있었고, 투자자 역시 선박이 돌아오기 전에 주식을 사고팔 수 있었다. 서로 공정한 가격에 권리 증서를 양도하도록 하는 거래소의 탄생은 자연스러운 수순이었고, 그 결과 세계 최초의 증권 거래소가 네덜란드의 수도 암스테르담에서 탄생했다.

대규모 사업을 위한 자금 조달 방법으로 권리 증서를 발행하는 구조는 400년 전이나 지금이나 크게 다르지 않다. 오히려 산업이 발전하고 인구가 증가하면서 대량 생산을 위해 과거와는 비교할 수 없을 정도로 대규모의 투자가 일어났고, 자금 조달의 필요성은 더욱 커졌다. 기업이 정부로부터 자금을 빌릴 수도 있지만 정부 입장에서 보면 세금으로 모은 자본을 필요로 하는 모든 기업에 빌려줄 수는 없다. 그렇다고 기업이 모든 금융 기관을 일

일이 잦아나니면서 사금을 빌리거나 수많은 개인들로부터 자금을 모집하기란 사실상 불가능하다. 그래서 기업들은 대규모 투자 자금을 위해 증서를 발행하고, 증서를 보유한 투자자들도 언제든지 자금이 필요하면 증서를 거래할 수 있게 된 것이다. 무엇보다 주식 시장을 통해 조달한 자금은 은행에서의 차입과 달리 이자와 상환에 따른 부담이 낮기 때문에 기업 입장에서는 자금 유치가 용이하다. 이러한 주식 시장이 발달함으로써 기업들의 투자가 활발히 이루어질 수 있게 되었고, 자본주의 역시 급격히 성장할 수 있었다.

　대규모 자금을 주식 시장을 통해서 조달한다고 해도 애당초 가능성이 낮은 사업에 투자할 경우 많은 사람들이 손해를 볼 수밖에 없다. 그래서 모인 자금이 성공 가능성이 높고 좀 더 효율적인 곳으로 투자될 수 있도록 도와주는 직업도 생겨나게 되었는데, 그것이 바로 애널리스트와 펀드 매니저이다. 일반적으로 애널리스트와 펀드 매니저 들은 앞으로 올라갈 주식을 찾고 이를 통해 수익을 창출하는 직업이라는 인식이 있다. 틀린 말은 아니지만 근본적으로 더 중요한 것은 향후 성장 가능성이 높은 기업에 자금을 몰리게 하고, 성공 가능성이 낮은 하향 산업이나 기업에게는 투자를 하지 않음으로써 구조 조정이 빠르게 이루어질 수 있게 해 준다. 이를 통해 자금의 효율성을 높이고, 투자자들을 보호하며, 국가 산업 및 기업들의 경쟁력을 높이는 역할을 한다.

세계 최고 부자들은 모두 주식 부자

—

주식 투자를 투기로 생각하다 보니 간혹 카지노와 같은 도박에 비유하는 경우도 있는데, 주식과 도박은 완전히 다르다. 도박은 주식과 달리 투자 대상의 실질이 없고 단지 우연에 의한 이득을 즐기는 게임이다. 또한 도박은 확률적으로 플레이어(고객)보다 딜러(카지노)에게 유리하게 설계되어 있기 때문에 시간이 지날수록 플레이어에게 불리해질 수밖에 없다. 도박은 수학적으로 수익을 지속적으로 낼 수 없고, 결국 모든 자금을 탕진하는 구조이다. 그래서 도박으로 부자가 되었다는 사례는 찾아볼 수 없는 반면에 돈을 잃어 망한 경우는 너무나 많다.

주식은 도박과는 다르지만 경제 상황이나 투자 기업에 따라 주식이 도박보다 못할 수도 있다. 그러나 올바른 투자 원칙을 갖고 임한다면 수익을 낼 확률은 높아진다. 실제로 세계 최고의 부자들은 대부분 보유 주식 상승과 배당을 통해서 갑부가 되었고, 급여를 모아서 재벌이 된 경우는 거의 없다. 2024년 기준 세계 부자 순위를 보면 1위는 테슬라와 스페이스X의 CEO인 일론 머스크이고, 2위는 세계 최대의 명품 브랜드 LVMH 그룹 회장인 베르나르 아르노Bernard Arnault, 3위는 아마존 창업자인 제프 베이조스Jeff Bezos, 4위는 마이크로소프트 창업자인 빌 게이츠, 그리고 5위는 페이스북 설립자인 마크 저커버그이다. 이들은 모두 성공적인 사업을 통해 보유 지분의 가치를 상승시킴으로써 부자가 되었다. 우리 스스로 회사를 세워 대주주가 되기는 어렵지만 주식 투자를 통해 성공한 기업의 주인은 얼마든지 될 수 있다.

승패는 변동성 관리에 있다
—

그렇다면 좋은 주식을 보유하는 것만으로 큰 부자가 될 수 있을까? 가능하지만 조건이 있다. 바로 변동성을 관리할 수 있어야 한다. 주식 시장의 참가자들 사이에서조차 10배 상승한 종목을 보유했던 사람은 많아도, 10배 수익을 얻은 사람은 드물다는 말이 나오는 이유이기도 하다. 좋은 주식을 골라 매수했더라도 장기적인 확신이 부족하거나, 가격 변동성을 이기지 못하거나, 혹은 자금의 필요에 따라 수익을 내지 못하고 처분하는 경우는 그야말로 부지기수다. 국내 대표 주식 시장인 거래소의 종합 주가지수만 보더라도 1980년 1월 대비 44년 동안 270배 이상 상승했다. 물가 상승을 고려한 실질 수익률은 이보다 낮을 수 있지만, 주식 배당과 현금 배당까지 고려하면 수익률은 더 높아진다. 1980년에 1억 원을 투자했다면 현재 270억 원 이상으로 불어났을 것이다. 그러나 주식 시장은 꾸준히 우상향을 그리면서 상승하지 않는다. 마치 살아 있는 생명체처럼 중간중간에 어려운 구간과 고비를 맞이한다. 1990년 말 IMF, 2008년 글로벌 금융 위기 등 크고 작은 이슈에 따라 많은 기업들의 주가가 급등락을 반복했고, 이러한 과정에서 사라진 기업들도 많았다. 주식 시장에서 손해를 본 사람들 중 상당수는 큰 변동성을 극복하지 못하고 바닥에서 주식을 처분했을 가능성이 높다.

　주식 투자를 반드시 해야 하는지 필자에게 묻는다면 하는 게 좋다고 말할 것이다. 결혼을 해야 하는가에 대한 대답과 같다고 하면 비약일까? 주식 투자도 결혼도 정답은 없다. 사람마다 의견이 다를 수 있지만 필자는 주식 투자를 통해서 단순히 돈을 벌 수 있다는 것 외에도 많은 것을 얻을 수 있다고 생각한다. 투자자 입장에서 보면 자신의 노동력 이상의 자본 이익을 통해 경제적 자유를 누릴 수 있는 기회를 잡을 수 있고, 글로벌 경제와 기업에 대한 이해도를 높일 수 있다. 국가 측면에서도 주식 시장이 활성화되는 것이 좋다. 증권 시장이 발전할수록 기업들은 대규모 투자를 위한 투자금을 쉽게 조달할 수 있고, 투자에 따른 위험을 분산할 수 있다. 금융의 태동지인 유럽보다 미국의 경제력이 막강한 이유 중 하나는 주식을 거래하는 자본 시장이 매우 활성화되어 있기 때문이다.

　결국 주식 투자는 기업과 국가 발전에 큰 도움을 주는 것과 동시에 투자자 개인도 주가 상승과 배당 등으로 효익을 나눌 수 있다. 따라서 국가의 자본 시장 정책과 규제 또한 이 같은 개념을 해치지 않는 선에서 진행되어야 한다. 그러나 준비되지 않은 투자자들이 주식 투자를 하는 것은 반대한다. 단순히 돈만 벌겠다고 뛰어든다면 손실이 날 가능성이 높고, 단기적인 차익에만 관심이 있는 경우 주식을 전업으로 하지 않는 이상 생업에 전념하기 어렵기 때문이다. 만약 주식 투자를 위한 준비가 되어 있다고 해도 투자를 통해 얻을 수 있는 효익만큼이나 감내해야 하는 리스크가 존재한다. 주식 시상이 아무리 좋아도 내가 보유한 기업의 수가가 하락하면 손해를 면할 수 없고, 주식의 수익은 정기 예금의 이자처럼 정해져 있지 않다. 투자하는 기업은 투자 시점과 투자 자금의 규모, 매수 방법에 따라 수익률이 달라진다. 특히 주식을 보유하고 있다는 것만으로 보유한 기업뿐 아니라 글로벌 경기까지 늘 신경 써야 하는 부담감에서 벗어나기 어렵다.

쉽게 돈 버는 법

국내 주식 시장의 저평가는 하루 이틀 이야기가 아니다. 우리나라는 글로벌 주요 증시에서 PER이 가장 낮은 국가 중 하나이고, PBR은 1배에도 미치지 못하는 기업들이 너무나 많다. PBR 1배 이하는 기업 가치가 보유 자산에도 미치지 못한다는 의미이다. 물론 사업적으로 어려운 적자 기업이나 하향 산업은 그럴 수 있지만 우리나라의 경우는 그렇지 않다. 이익도 성장하고 있고 많은 알짜 기업들을 거느린 우량 기업들이 많기 때문이다. 오죽하면 저평가를 탈피하기 위해 정부 차원에서 '기업 밸류업 프로그램'을 발표하기도 했다. 일각에서는 이러한 디스카운트를 남북 대치에 따른 지정학적인 이유 등을 들어 이야기하는 사람도 있지만, 진짜 이유는 기업의 오너 경영에서 찾을 수 있다. 기업 가치가 오너의 필요에 따라서 언제든지 사유화 목적으로 이용될 수 있다는 우려 때문이다. 하루아침에 내가 투자한 기업의 가치가 법적으로 아무 문제 없이 사라질 수 있다. 그게 어떻게 가능할까? 최근 이러한 문제를 해결하기 위해 여러 규제가 나오고 있긴

하지만 지난 수십 년 동안 기업의 분할과 합병에 의해서 오너들의 지배력은 확대되었고, 투자자들의 상대적 피해를 부인하기 어렵다.

기업 분할과 합병의 표면적인 이유
—

기업이 분할이나 합병을 하는 이유는 간단하다. 환경 변화에 따라 신속히 정리할 사업은 정리하고, 인수와 합병을 통해 신규 사업에 빠르게 진출하기 위해서이다. 또한 비대해진 기업의 경우 일부 사업을 분할해서 전문성을 높이고, 비용 절감 등 효율적인 경영이 가능해지기 때문이다. 치열한 경쟁에서 살아남기 위해서는 기업도 언제든지 신속하게 서로 합치기도 하고 나누기도 해야 한다. 기업의 분할이나 합병은 기업의 이익과 기업 가치 상승을 위한 것이고, 결국 주주를 위한 것이다. 그러나 문제가 되는 것은 기업 가치에 전혀 영향을 주지 않는 경영권 승계나 오너의 경영권 강화를 위해 무리하게 기업을 분할하거나 합병한다는 것이다. 이는 일반 주주들에게 심각한 피해를 준다. 이론적으로는 기업의 합병이나 분할 자체가 기업 가치에 영향을 주지 않는데 어떻게 그런 일이 일어날까? 먼저 분할의 종류에 대해서 알아보자.

물적 분할과 인적 분할

—

기업의 분할에는 물적 분할과 인적 분할 방식이 있다. 물적 분할은 기업이 사업부 일부를 신설 회사로 설립하고 지분을 100% 소유하는 형태이다. 기존 회사와 분할 회사가 수직적인 관계로 분할되며, 기업의 인수 합병M&A을 쉽게 하기 위해 도입되었다. 신생 회사가 기존 회사의 100% 자회사가 되기 때문에 기업의 가치나 주식에는 변동이 없다. 따라서 모회사 주주들에게는 어떠한 손실도 발생하지 않는다. 즉 주식 매수 청구권을 행사할 수 없다. 그런데 국내에서는 특이하게 기업 오너들은 물적 분할을 선호하고 일반 주주들은 반대하는 경우가 많다. 이는 핵심 사업을 물적 분할 해서 신규 상장을 하거나 증자할 경우 모회사 주주들의 지분 가치가 희석되고, 자회사의 가치가 할인되어 모회사에 반영되기 때문이다. 지난 2022년 LG화학의 2차 전지 사업부 분할 이슈에서 주주들이 반대한 이유가 대표적이다.

반면에 인적 분할은 기존 회사와 신설 회사의 지분을 일정한 비율로 나누는 것이다. 기존 주주들도 분할된 신설 회사 지분을 같은 비율로 보유하게 된다. 따라서 주주 구성은 변하지 않고 회사만 수평적으로 나눠지는 수평적 분할이라고 할 수 있다. 인적 분할이 되면 법적으로 독립된 회사가 되며, 분할 후 바로 주식을 상장할 수 있다. 오너가 사업 회사 주식을 투자 회사 주식으로 교환하면 지배력을 강화할 수 있기 때문에 지주 회사로 전환하는 기업들이 선호한다.

대기업들은 물론 중견기업늘도 지수사로의 재편, 사업 시너지, 경영 효율화 등의 명목으로 기업을 분할 또는 합병한다. 앞에서 설명한 것처럼 기업 분할이나 합병 자체는 문제가 되지 않는다. 그러나 기업 분할과 합병에 숨어 있는 진짜 이유는 기업 가치와 상관없는 오너의 경영권 강화나 경영권 승계 등에 있다. 하나의 회사를 분할해서 여러 명의 자녀에게 승계하기 위한 목적으로 분할하기도 하고, 오너가 돈 한 푼 들이지 않고 기업 지배력은 강화되면서 추가적으로 자금 조달까지 가능한 일이 벌어진다.

이 정도도 봐줄 만하다. 과거 대기업들의 승계를 보면 오너가 불필요한 개인 회사를 설립하고, 여기에 일감을 몰아주면서 성장한 기업이 거꾸로 합병이나 증자 참여 등을 통해 모회사가 되는 경우가 있다. 이럴 때 돈을 거의 들이지 않고도 아주 빠르게 승계를 마무리할 수 있고 지배력도 확대된다. 중요한 것은 이러한 과정에서 주주 가치가 훼손될 수밖에 없으나 우리 사회는 기업 승계를 위한 오너들이 누릴 수 있는 경영 기법으로 받아들여 왔다. 결론적으로 오너를 위한 기업 분할이나 합병, 일감 몰아주기 등을 막지 못하면 국내 주식 시장의 저평가에서 벗어날 수 없다.

분할과 합병을 통해 오너 지배력이 강화된 경우
—

필자가 애널리스트로 활동했던 시기에 실제로 경험한 것이다. 코스닥에 상장되어 있는 소형 IT 업체 이야기이다. 이 회사에 탐

방을 가면 담당 임원이 늘 하는 말이 있었다. 현 오너의 지분이 너무 낮아 안정적인 경영을 위해서는 오너의 지분을 늘려야 한다는 것이었다. 필자에게 방법이 있는지 물어보기도 하고 회사의 당면 과제라며 고민하는 듯했다. 오너는 이 기업의 지분이 10%대에 불과했다. 그러나 어느 순간에 오너는 돈 한 푼 안 들이고 회사의 지분을 40%까지 늘렸다. 인적 분할을 통해 지주 회사로 재편한 덕분이었다. 당연히 법적으로 전혀 문제도 되지 않는다. 그러나 오너의 기업 지배력이 크게 강화되었다는 것은 일반 주주들의 지배력은 약화되었다는 의미이다.

또 다른 예가 있다. 오래전 이야기이지만 이 기업도 코스닥에 상장되어 있던 소형 IT 기업이었다. 본업의 시장은 크지 않았지만 국내 시장에서 독점적 위치의 우량한 기업이었는데 창업자가 개인적인 사업을 하는 도중에 회사의 지분을 팔고 떠나는 일이 발생하면서 자연스럽게 회사 내부에 있던 임원이 경영권을 잡게 되었다. 당연히 지분은 거의 없는 상태였다. 그러나 이 회사의 사업부를 오너 개인 회사에 매각하고, 나중에 다시 합병하면서 지금은 최대 주주가 되었다. 이 회사는 현재 대형 업체로 성장했다.

기업 분할이 본연의 기능을 하려면
—

기업 오너와 일반 주주는 기업에 대한 기대가 서로 다를 수 있다. 일반 주주들은 기업이 성장하고 이에 따라 주가 상승과 배당을 기내하시만, 오너는 본인의 확실한 시배력과 향후 가능한 한 적은 비용으로 승계하는 것을 목적으로 하는 경우가 많다. 최대 주주와 일반 주주 간의 입장 차이로 인해 국내 대표 기업들이 사회적인 문제가 되기도 한다. 대기업의 경우는 그나마 다행이지만 주식 시장에 상장되어 있는 수많은 중소기업들은 언론에서도 관심이 없고, 대중적으로 모르는 사이에 다수의 주주들에게 피해를 주고 있다. 과거에 비하면 규제가 강화되고 있기는 하지만 기업 분할이나 불필요한 자회사 설립, 또는 오너의 개인 회사 설립 등을 통한 일감 몰아주기, 그리고 주식 시장 상장이 오너의 부를 증식시키는 용도로 이용될 가능성이 아직도 충분히 있다. 회사 내부를 누구보다 잘 아는 오너가 기업 분할이라는 방식을 통해 기업을 크게 흔들고 다시 추스르는 과정에서 자신의 부를 챙기는 것이다.

이를 해결할 수 있는 간단한 방법이 있다. 법적으로 지주 회사의 자회사 보유 지분을 크게 상향하고, 지주 회사이든 계열 회사이든 한 회사만 주식 시장에 상장을 허용하는 것이다. 이 방법을 현실화하기는 쉽지 않을 것으로 보이지만 이미 해외에서는 시행되고 있다. 우리나라는 지주사가 상장 자회사의 지분을 30% 이상만 보유하면 되지만 알파벳이나 애플 등은 한 회사만 상장되어 있고, 대부분 자회사들의 지분을 100% 보유하고 있다. 그러다 보니 자회사 등의 모든 기업 가치가 상장사에 집중되어 자회사 가치가 디스카운트될 가능성이 낮다. 또한 무분별하고 필요 없는 유상 증자도 줄일 수 있다. 만약 자회사들의 자금 조달

이슈가 생길 경우 증시에 상장되어 있는 모회사의 증자를 통해
지원하면 된다. 오너도 상장 회사 지분만 보유하게 되니 당연히
회사의 핵심 사업을 분리하는 경우는 줄고, 오히려 중요한 사업
이나 자산을 상장사에 집중할 가능성이 높다. 이럴 경우 오너와
주주들의 목적이 같아질 수 있다.

| 4부 |

INSIGHTS

대한민국
힘의 원천

한강의 기적을 만든 건설업

우리나라의 근대화 과정에서 건설 산업은 국가 경제 발전에 가장 크게 기여한 산업 중 하나이다. 건설업은 고용 및 생산 효과가 큰 산업으로, 과거에 비해서 많이 하락했지만 아직도 국내 GDP에서 13~15%를 점하고 있다. 또한 정부 정책에 큰 영향을 받는 대표적인 규제 산업이기도 하다. 정부의 의지에 의해 수요를 단기간에 만들 수도 있고 축소시킬 수도 있다. 교량, 도로, 공항, 항만 등 토목 공사 대부분은 정부에 의해서 발주가 이루어지고 있고, 주택 등 민간 건설 분야도 정부의 부동산 정책에 의해 크게 영향을 받는다. 다시 말하면 정부는 건축 허가 및 공공시설 투자 등을 통해 경기 조절의 중요한 정책 수단으로 건설 산업을 활용해 왔으며, 건설업은 물가와 실업 등 거시적 경제 지표에 크게 영향을 받고 있다.

또 다른 특징을 살펴보면 건설업은 토지를 기반으로 하고 있어 공급이 비탄력적이고 철강, 목재, 시멘트, 화학, 중장비, 기계 등 다양한 산업에 영향을 미친다. 따라서 과거 정부들이 진행했던

부진한 국내 경기를 위한 정책이란 것도 건설 경기 활성화에 초
점이 맞추어져 있었다. 경제 활성화를 위한 정부의 주도하에 대규
모 택지 개발과 주택 공급 정책 등을 추진하고, DTI^{Debt To Income},
그린벨트 규제 등을 통해 주택의 수요와 공급을 상황에 따라 조
절해 왔다. 이러한 과정에서 무리한 정책으로 주택 공사 등 공기
업의 부실과 건설사의 구조 조정이 반복되기도 했으며, 내수 경기
침체와 지역 간 부동산 가격 불균형 문제가 발생하기도 했다.

　토목은 정부의 주도하에 진행되므로 일반인에게 직접적인 영
향을 주지는 않는다. 그러나 주택 정책은 그렇지 않다. 일반적으
로 주택은 개인의 가장 큰 재산이고, 정부의 부동산 및 가계 대
출 규제 등에 의해서 거래에 큰 영향을 미친다. 부동산 가격의
상승은 부동산 보유 유무에 따라 소득 양극화를 확대한다. 부
동산을 보유하지 못한 사람들의 입장에서는 주거 비용 상승으로
이어지며, 주거에 대한 불안감으로 소비에도 악영향을 미친다.
반면에 부동산 가격이 급락할 경우 금융권 부실로 이어질 수 있
다. 따라서 정부의 주택 정책이란 결국 안정적인 부동산 가격에
있다고 볼 수 있다.

기업이 이익을 창출하는 방법
—

　국내 건설 업체들의 주요 사업은 크게 세 가지로 볼 수 있다.
아파트 등 주택 사업과 토목 사업, 그리고 플랜트 사업이다. 대부

분의 기업이 주택 사업과 토목 사업을 병행하지만 최근에는 주택의 경우 아파트 브랜드의 중요성이 확대되면서 대기업 계열의 업체 경쟁력이 확대되는 추세에 있다. 반면 토목의 경우 대부분 SOC(사회 간접 자본) 사업이기 때문에 정부의 연간 예산에서 집행된다. 정부의 SOC 연간 예산은 꾸준히 증가하고 있으나, 갑자기 크게 증가하거나 감소하는 경우는 거의 없다. 4대 강처럼 일시적으로 공공 부분 발주가 크게 증가할 수는 있지만 연간 예산이 일정하기 때문에 기성(매출)은 큰 진폭이 없다. 지난 2012년 23.1조 원에서 2015년에는 24.8조 원으로 확대되었으나 2020년에는 23.2조 원으로 다시 축소되었다. 정부의 SOC 예산은 큰 이슈가 없는 한 연간 20조 원대 수준에서 유지된다고 봐도 무방하다.

최근에는 부족한 예산을 해결하고자 민자(민간 자본) SOC 사업으로 진행하고 있다. 대표적으로 인천공항도로와 공항철도 등이 해당된다. 토목의 경우 국가 공공사업으로 수주 경쟁이 치열하기 때문에 업체들의 수익성은 매우 낮은 수준이다. 정부 주도의 토목 공사는 매년 비슷한 수준에서 진행되므로 국내 건설 시장의 변동은 결국 주택 경기에 따른다고 볼 수 있다. 플랜트 사업은 원전, 석유 화학, 철강 시설 등의 건설이다. 플랜트의 경우 건설 업체 간 경험과 기술력을 요하기 때문에 일반적인 건설 업체가 진입하기 어려운 분야이다. 건설과 토목은 정부의 규제에 따라 해외 진출이 쉽지 않지만 플랜트의 경우 해외 진출이 가능한 것은 그만큼 기술력을 요하기 때문이다. 이러한 플랜트 사업을 영위하는 건설 업체를 EPC(Engineering, Procurement, Construction)라고 하며 시장이 큰 중동 지역에 참여한 주요 업체는 20여 개에 불과하다. 절반 가까이가 국내 업체이고 나머지는 유럽이나 일본의 기업들이다.

국내 건설사들이 플랜트에서 기술력을 확보할 수 있었던 것은 그룹사의 영향이다. 예를 들어 현대차 그룹은 신규 시설 투자를 대부분 계열 건설사에 발주하고 삼성의 반도체, 디스플레이 등 IT 생산 시설은 관계사인 삼성물산이 진행하는 식이다. 이에 따라 국내 대기업 그룹 계열의 건설 회사들은 석유 화학, 반도체, 자동차 등 주요 플랜트 건설에서 경쟁력을 확보할 수 있었다. 플랜트 수주는 대부분 중동 등 산유국에서 이루어진다. 산유국들이 원유 수출에서 부가 가치를 높이기 위해 대규모 석유 화학 단지를 경쟁적으로 조성하고 있기 때문이다. 산유국 입장에서 보면 유가 상승 국면에서 플랜트 투자에 적극적이고, 국내 업체 입장에서 보면 모든 매출이 달러이기 때문에 환율이 중요한 변수가 된다. 국내 대표 EPC 업체들을 보면 삼성엔지니어링, 현대건설, 대림산업, GS건설 등 대기업 그룹의 계열 회사들이며, 매출 순위도 결국 그룹사의 투자 규모와 연관이 깊다.

건설업은 아직도 성장하나?
—

국내 건설 산업은 한국 전쟁 이후 '한강의 기적'이라는 수식어가 붙을 정도로 국가 발전에 크게 기여했다. 전쟁 이후 국가 재건과 인구 증가에 따라 토목과 주택 모두 크게 성장한 덕분이다. 그러나 최근에는 어려운 상황으로 진입하고 있다. 국내 부동산 시장 부진과 인건비, 건설 자재 등 원가 상승과 더불어 부동산 PF^{Project Financing} 부실 여파가 지속되고 있기 때문이다. 또한 공공 인프라가 크게 개선되면서 SOC 예산 증가도 기대하기 어려워지고 있다. 여기에 주택 시장도 이미 보급률이 높은 상태에서 인구 고령화와 저출산, 1인 가구 증가 등 인구 구조 변화로 주택 수요가 점차 둔화될 것으로 보인다. 이러한 점에서 보면 향후 국내 건설 업체들의 성장성이 과거 수준으로 회복되기는 어려울 것으로 보인다. 또한 ENR^{Engineering News Record}에 따르면 글로벌 건설 시장은 2010년 8조 525억 달러에서 2022년 13조 4,446억 달러로 확대되었는데, 국내 건설사들의 해외 수주액은 동기간 716억 달러에서 310억 달러로 축소되었다.

최근 한국은행이 발표한 자료에 따르면 우리나라의 GDP 대비 건설 투자 비중은 14.9%였으며, OECD 회원국 중에서 4위였다. 우리보다 높은 호주, 캐나다, 노르웨이의 원인을 따져 보면 인구 대비 국토 면적이 넓기 때문이다. 반면에 미국은 7.4%, 일본은 10.3%를 기록했다. 특히 중진국부터는 국민 소득이 증가해도 건설 투자 비중이 점차 줄어들며, 국민 소득 3만 달러를 넘어서는 선진국 경우 건설 투자 비중이 8~10%에서 정체되고 있다. 또한 우리나라와 1인당 국민 소득이 비슷한 다른 나라들과 비교해도 우리나라의 GDP 대비 건설 투자 비중은 높은 수준이다.

건설사의 실적에 미치는 요인들

—

건설사의 매출액은 수주 잔고에 의해서 결정된다. 예를 들어 2024년 매출액은 2023년 말 수주 잔고와 2024년 신규 수주에 의해서 결정된다. 해외 공사의 경우 환율도 큰 영향을 미친다. 그러나 이익 측면에서 보면 수주 잔고와 큰 관계가 없다. 원가율이 높은 저가 수주의 경우 적자가 날 수도 있으며, 공사를 진행하다 보면 공사 지연이나 자재 가격, 공사 진행률, 미분양 등 원가율 상승 변수가 많기 때문에 심지어 회사 내부에서도 이익을 정확히 추정하기 어렵다. 공사를 낙찰받았을 때 예상 원가율과 실제로 공사를 하면서 발생하는 실행 원가율에서 차이가 나기 때문이다. 건설사의 경우 예상 원가율을 낮게 잡으면 단기적으로 큰 이익을 낼 수 있으나, 공사가 마무리되는 시점에서 원가가 정확히 반영되면서 수익률이 크게 하락하기도 한다. 또한 건설 업체들의 경우 이익이 많이 발생하고 상황이 좋으면 저가 수주 경쟁에도 적극적으로 참여하는 경향이 있고 그와 반대로 현 상황이 어려우면 수익성 위주의 수주로 선회하는 경향이 크다. 결국 건설사의 과거 수익률이 미래의 수익률과 늘 일치하지는 않는다.

그렇다면 건설 업체들은 무엇을 봐야 하나? 결론은 주택과 해외 플랜트 사업이다. 토목의 경우 건설 업체들의 이익에 큰 영향을 주지 못한다. 지하철이나 도로 등 대형 공사이긴 하나 공개 입찰에 따라 치열한 수주 경쟁으로 대부분 저가 수주가 많기 때문이다. 과거 4대 강 사업에 참여한 많은 기업들의 주가가 크게 술렁댔으나 결과적으로 큰 이익이 발생한 업체는 거의 없었다. 주택 사업에 가장 큰 영향을 주는 것은 부동산 가격이다. 부동산 가격이 상승하는 국면에서는 건설사들의 미분양이 크게 줄고 분양 물량이 증가한다. 결국 많이 지어서 비싼 가격에 팔 수 있다. 반면 부동산 가격이 하락할 경우에는 미분양 증가와 함께 내수 경기에도 크게 악영향을 미친다. 따라서 주택 시장에서 가장 중요한 지표가 될 수 있는 것은 부동산 가격과 미분양 지표이다. 이와 함께 매매가 대비 전세가율은 실수요를 알 수 있는 지표이다. 해외 플랜트 사업은 사우디 등 산유국들이 석유 화학 단지를 개발하기 시작하면서 2000년 초부터 수주가 나오기 시작했다. 해외 진출 초기에는 수익성이 안정적이었으나 이후 국내 업체들 간의 수주 경쟁과 유가 수준 그리고 환율에 따라 수익성이 변동하고 있다. 최근에는 사우디아라비아의 '네옴시티Neom City'와 함께 신재생 에너지, 원전 등으로 기대감이 확대되고 있는 상황이다.

이제는 위대한 건축물이 필요할 때

—

우리나라 건설업 초기에는 전쟁 이후 폐허가 된 국가를 재건하는 데 집중되었고, 이후에는 제한된 국토에 가능한 많은 사람들이 효율적으로 이용할 수 있는 건축물에 초점이 맞춰져 있었다. 그래서 우리나라는 고층 빌딩의 비중이 매우 높은 국가 중 하나이다. 세계에서 높은 빌딩 순위를 소개하는 스카이스크래

퍼센터Skyscraper Center에 따르면 200미터 이상의 빌딩이 가장 많은 국가 순위에서 우리나라가 4위를 차지했다. 1위와 2위는 각각 중국과 미국이었고, 3위가 아랍 에미리트였다. 아랍 에미리트의 고층 건축물은 관광 유치와 서비스 산업 활성을 위한 정부 정책이라는 점을 고려하면 인구와 경제 규모를 따졌을 때 우리나라가 세계 최고로 고층 빌딩이 많은 국가라고 해도 무방하다.

　그러나 고층 건물이 많음에도 불구하고 우리나라를 대표하는 건물이 바로 떠오르지 않는다. 우리가 어떠한 도시를 생각할 때 그 도시의 이미지는 대표 건축물에 초점이 맞추어져 있는 경우가 많다. 런던의 국회 의사당, 파리의 에펠 탑, 스페인의 사그라다 파밀리아 성당, 로마의 콜로세움 등은 세월이 지날수록 가치가 더욱 커지고 있다. 파리의 에펠 탑을 계획했을 당시 반대하는 사람들이 너무 많았고 정부의 지원도 부족했지만 토목 공학자 귀스타브 에펠Alexandre Gustave Eiffel이 자신의 자금을 투입해서 건설을 시작한 덕분에 지금은 프랑스를 대표하는 건축물이 되었다. 그는 자유의 여신상을 설계하는 데에도 관여한 것으로 유명하다. 또한 런던 대화재로 재건축한 런던 국회 의사당을 설계한 찰스 배리Charles Barry도 유명한 건축가였다. 1882년에 착공되어 지금도 공사 중에 있는 안토니오 가우디Antonio Gaudí y Cornet가 설계한 사그라다 파밀리아 성당은 세계 유산으로 지정되어 있다.

　우리나라는 상대적으로 길지 않은 건설업 역사를 갖고 있고 전쟁으로 역사적인 건축물들의 보호와 관리가 부족했던 것이 사실이다. 그러나 이러한 가운데에서도 위대한 경영자는 멀리 있지 않았다. 1947년에 설립되어 근대화와 함께 성장한 현대건설의 설립자 정주영 회장이다. 그는 불가능을 가능하게 한 리더였고, 근대화 초기 건설 인프라가 전혀 없었던 불모지 같은 대한민국에서 패기와 도전으로 현대건설을 세계적인 건설 업체로 일구어 냈다.

철이 경제에 미치는 영향

세계 역사에서 철만큼 인류에 큰 영향을 미친 원소가 또 있을
까? 인류의 역사를 크게 석기 시대, 청동기 시대, 철기 시대로 구
분하지만 철기 시대에 이르러서야 인류가 문명 생활을 시작했다
고 볼 수 있다. 철기 시대가 도래하면서 비로소 철로 만든 신종
무기가 생겨났고, 철로 만든 신무기로 무장한 국가는 전쟁에서
승리했다. 철을 다루는 나라는 그만큼 힘이 있고, 철을 더 쉽게
다룰 줄 아는 나라가 부강했다. 근대화에 들어서면서 철은 건설,
자동차, 조선, 방산, 가전 등 주요 산업의 기반이 되었다. 그래서
철을 '산업의 쌀'이라고 부르기도 한다. 이러한 철강 산업을 역사
적 관점에서 알아보고, 철이 국가 경제에 미치는 영향과 더불어
철강업에 투자하는 투자자 입장에서 생각해 보고자 한다.

　정보화 사회가 도래하면서 전통적인 철강 산업은 후퇴하는
듯하지만 철이 주변 산업에 미치는 영향은 여전히 막대하다. 그
래서 철강 산업을 육성하고 보호하기 위해 정부 차원에서 각고
의 노력을 하고 있다. 미국, 중국, 유럽 등 서로 자국의 철강 산업

을 보호하기 위해 규제를 강화하는 등 무역 분쟁이 끊이지 않는 이유이다. 실제로 철강 산업의 주도권은 아직도 국력의 흐름과 궤를 같이한다. 글로벌 철강 산업은 산업 혁명을 계기로 영국에서 가장 먼저 번성했지만 이후 미국의 경쟁력이 급상승하면서 미국으로 주도권이 넘어갔다. 그러다가 2차 세계대전 이후 일본이 경제적으로 급부상하면서 미국을 추월했고, 최근에는 중국이 철강 산업을 주도하고 있다. 중국은 자동차, 조선 등의 주요 산업에서 이미 세계 최고 수준의 생산국이면서 세계 최고의 철강 국가인 셈이다.

이러한 이유로 중국의 철강 산업은 세계 철강 산업에 큰 영향을 끼치고 있다. 중국이 이미 세계 생산과 소비에서 50%를 점하고 있다는 점에서 글로벌 철강 산업을 이해하기 위해서는 중국의 철강 산업을 함께 이해하는 것이 필수적이다. 다행히 한국도 철강 산업이 발전한 나라에 속한다. 국내 철강 산업은 1960년대 초 경제 개발을 위한 정부의 주도하에 급성장했다. 현재 공급과 수요 면에서 세계 6위와 5위, 1인당 철강 소비량으로는 세계 1위를 차지하고 있다. 우리나라가 건설, 자동차, 조선, 가전 등에서 경쟁력을 확보할 수 있었던 것 역시 높은 철강 기술에 기반하고 있다.

철강업에는 카네기가 있었다
—

앞에서 언급했듯이 철은 모든 산업에서 굉장히 중요한 기반이다. 철강 산업의 발전 없이는 국가 발전이 어렵고, 철강 산업의 경쟁력이 곧 국가 경쟁력이기도 하다. 세계 패권이 과거 영국에서 미국으로 넘어가게 된 것도 철강 산업이 주요 원인이라고 볼 수 있다. 이러한 계기가 된 가장 중요한 인물이 앤드루 카네기이다. 카네기는 1853년 펜실베이니아주의 철도 회사에서 일하면서 미국의 철도 산업의 가능성을 보고 철강 업체를 설립했다. 미국 전역에 걸친 철도 인프라 확대가 곧 철강 산업의 성장으로 이어질 것이라고 믿었기 때문이었다. 그러나 1873년 경제 위기가 오면서 많은 철강 기업들이 파산했다. 그는 어려운 상황에서도 철도 산업의 가능성을 믿고 버티면서 결국 미국 철강 산업을 독점할 수 있었다. 또한 새로운 제강 공정으로 생산 비용을 절감하면서 미국 철강 산업을 세계 최고 수준으로 올려놓았다. 이 회사가 미국의 대표 철강사인 US스틸이다. 카네기는 "부자로 죽는 것은 불명예스러운 일이다"라고 말하고 대부분의 재산을 사회에 기부했다.

철은 어떻게 만들어지나?

—

철을 생산하는 방법은 크게 고로 방식과 전기로 방식이 있다. 고로 방식은 철광석과 원료탄을 용광로(고로)에 투입해서 반제품인 슬라브, 열연코일 등을 생산한다. 철광석에는 철 함유량이 약 60% 수준이며, 열연코일 1톤을 생산하기 위해서는 철광석 약 1.6톤과 원료탄 0.7톤이 소요된다. 여기에 다시 추가적인 가공 등을 통해 냉연코일, 각종 도금 강관 등을 생산한다. 고로를 통해 생산된 철강 제품들은 품질이 좋아 자동차와 선박 제조 등에 사용한다. 고로 방식에 사용되는 철광석은 주로 호주에서 수입한다. 세계 철광석 수출의 50% 정도를 호주가 점하고 있다. 원료탄 수출 역시 호주를 중심으로 미국과 캐나다가 과점하고 있다. 그래서 투자자들은 세계 경제를 파악하는 중요 지표로 호주 달러 추세를 빼놓지 않는다. 세계 경기가 좋아지는 초기에 철광석 등 자원 수출 증가로 호주 달러가 강세로 전환되기 때문이다.

반면 전기로 방식은 철 스크랩(고철)을 원재료로 생산하는 방식이다. 아무래도 불순물이 많아 고로 방식으로 나온 제품보다 품질이 낮다고 보는 것이 일반적이다. 그래서 전기로를 통해 생산된 제품들은 주로 철근, 봉형강류 등 건설업에 많이 쓰인다. 산업화가 진전된 나라의 경우 고철이 많이 나오기 때문에 전기로 비중이 높고, 산업화 초기 국가는 고로 비중이 상대적으로 높다. 따라서 미국의 경우 전기로 비중이 높고, 중국은 고로 비중이 높다. 한국과 일본은 중간 수준이다. 우리나라의 대표적인 고로 업체는 포스코와 현대제철이 있으며, 전기로 업체로는 동국제강, 세아제강 등이 있다. 고로의 경우 초기 투자 비용이 수십조 원에 달하고 규모의 경제가 중요하다. 반면에 전기로의 경우 투자 비용이 낮고 규모가 상대적으로 작다.

포스코는 고로와 전기로 생산 비중이 90:10 정도이며 다양한 철강 제품을 생산하고 있다. 과거에는 고로를 독점했으나 현대제철이 고로 생산을 시작하면서 경쟁이 심화되었다. 현대제철은 고로와 전기로 비중이 55:45 정도이며 현대차 그룹에 편입되어 있다. 모회사이자 주요 고객사인 현대차 상황에 따라 실적에 큰 영향을 받고, 현대차와의 제품 가격 협상력도 낮다. 그러나 현대차라는 확실한 고객사를 확보하고 있다는 점에서 안정적인 비즈니스 측면으로 볼 수 있다. 동국제강은 순수 전기로 업체로 주로 철근, 형강 등을 생산하고 조선에 사용되는 후판을 공급한다. 후판 재료인 슬라브는 주로 포스코나 해외 수입에 의존하고 있다. 그 외 전기로 업체들은 대부분 철근과 봉강 등을 생산하고 있다.

　　최근 세계 철 생산 상위 기업들을 보면 1위는 중국 바오우China Baowu Group이며, 2위는 룩셈부르크의 철강 회사 아르셀로와 인도의 철강 회사 미탈의 합병으로 탄생한 다국적 철강 기업 아르셀로미탈ArcelorMittal이다. 3위와 4위는 중국 안강그룹Ansteel Group과 일본의 닛폰스틸Nippon Steel Corporation이다. 세계 상위 10개 기업에서 중국이 6개 그리고 한국과 일본, 인도 기업이 각 1개씩 들어가 있다. 국내 1위 기업인 포스코는 세계 6위(4,296만 톤), 현대제철은 17위(1,964톤)이다. 철강 업체의 수익은 스프레드Spread로 결정된다. 스프레드란 원재료와 철강 제품과의 가격 차이를 말한다. 스프레드가 벌어질수록 이익이 증가하는데, 이는 결국 원재료를 싸게 구입해서 비싸게 판다는 의미이다. 따라서 고로 업체들의 이익은 원재료인 철광석과 원료탄 가격과 최종 제품인 철강 가격에 의해서 결정되고, 전기로 업체의 경우는 원재료인 고철 가격과 철강 가격에 의해서 결정된다.

　　따라서 철강 기업에 투자하기 위해서 살펴야 할 지표는 철광석, 원료탄, 철 스크랩 그리고 철강 가격 등이다. 주요 원재료인 철광석, 원료탄 등을 수입에 의존하고 있기 때문에 환율도 중요한 체크 포인트이다. 모든 가격 결정이 그러하듯 철광석, 고철 그리고 철강 제품 가격도 수요와 공급에 의해 결정된다. 전방 산업인 건설, 자동차 등의 산업이 호황을 보이면서 최종 철강 제품의 수요가 증가한다면 철강 제품들의 가격은 상승할 것이며, 기업들은 높은 가격에 더 많이 팔기 위해 생산을 늘릴 것이다. 이 과정에서 철광석 등 원재료 수요가 동반해서 증가한다. 따라서 앞에서 이야기한 스프레드는 단기적으로 변동이 커 보일 수 있으나 시간이 지나면 늘 일정 수준에서 유지된다.

철강 기업들의 수익이 좋아지기 시작하는 경우는 크게 두 가지이다. 첫째로 철강 가격이 상승하기 시작하는 국면이다. 철강 가격이 상승한다는 것은 공급보다 수요가 많다는 의미와 동시에 제품 가격 상승으로 스프레드가 벌어질 수 있다. 둘째로는 철강 가격은 일정 수준에서 유지되고 있으나 원재료 가격이 하락하는 경우이다. 그러나 이럴 경우 단기적으로 수익은 발생할 수 있지만 결국 제품 가격 하락으로 이어진다고 보면 장기적으로 업체들의 수익에는 부정적일 수 있다.

중국의 과잉 생산
—

철강은 우리의 삶 곳곳에 아주 깊숙이 스며들어 있다. 세계 철강 수요에 영향을 주는 산업을 보면 건설 관련 수요가 절반 가까이 차지하고 기계, 자동차 산업이 뒤를 잇는다. 우리나라의 경우 가장 큰 영향을 주는 산업은 건설업으로 수요의 약 35%, 자동차 27%, 조선이 17%를 점하고 있다. 철강은 근대화 과정에서 수요가 꾸준히 증가해 왔고, 매년 늘어나고 있다. 그러나 산업이 고도화될수록 중요도는 과거 대비 다소 낮아지는 경향이 있다. 국내를 비롯해 주요 선진국의 철강 수요는 과거보다 크게 증가하기 어렵다고 봐야 한다.

반면에 중국은 철강 생산이 크게 증가하고 있는 국가이다. 중국의 철 생산량은 과거 수년간 큰 폭으로 증가하면서 과잉 공급 상태이며, 이는 전 세계 철강 산업에 큰 영향을 미치고 있다. 앞서 언급했듯이 중국은 세계 철 생산량의 절반을 점하고 있다. 중국의 철강 수출이 최고 수준에 달했던 2016년 기준으로 보면 8억 톤을 생산했으나 생산 능력은 11.3억 톤으로 약 3억 톤의 유휴 설비가 존재했다. 구조 조정을 통해 생산 능력을 축소하기 시작하면서 중국의 철강 수출액은 이후 줄고 있는 추세에 있지만 아직도 세계 철강 가격에 부담을 주고 있다. 포스코의 주가가 중국 내 철강 가격에 영향을 많이 받는 이유도 여기에 있다.

철강 기업들의 최대 과제
—

철강 산업은 철 생산 과정에서 막대한 온실가스를 배출하고 기후 변화에 악영향을 끼치는 산업 중 하나이다. 기후 변화 관련 연구소 등에서는 현재와 같은 방식으로 철강 산업이 유지될 경우 세계가 목표로 하고 있는 2050년 탄소 중립이 이루어질 수 없다고 밝혔다. 결국 철강 업체들이 향후 살아남기 위해서는 온실가스를 최소한으로 배출하면서 철강을 생산하는 방법을 찾아야 한다. 고로 업체 기준으로 보면 석탄 사용량을 줄여야 하고, 전기로 업체들은 친환경 전기 에너지 사용을 늘려야 한다. 앞서 철을 잘 다루는 국가가 강한 국가라고 했다. 세상은 빠르게 변화하고 있지만 아직도 철은 우리의 삶에서 가장 주요한 자원 중 하나이다. 그러나 기후 변화에 대응하지 못한다면 철 생산을 지속하기 어려워질 수도 있다. 결국 혁신적인 기술 개발을 통해 기후 변화에 잘 대응하는 국가와 기업만이 철을 생산할 수 있고, 강한 국가로 남게 될 것이다.

산업 이상의 산업, 반도체

현대 문명에서 반도체를 '모든 산업의 두뇌'라고 표현하기도 하고, 반도체의 주요 원료가 규석이라는 점에서 '규석기 시대'라고 규정하기도 한다. 반도체는 시간이 지나면 지날수록 우리 생활에서 없어서는 안 될 중요한 산업으로 부각되고 있다. IT, 자동차, 방산, 우주 항공, 의료 등은 물론 심지어 아이들 장난감까지 반도체가 쓰이지 않는 산업을 찾기 힘들다. 최근에는 자율 주행에 따른 자동차, AI, 로봇 등으로 사용량이 더욱 확대되고 있다는 점에서 향후 반도체 수요는 더욱 늘어날 것으로 보인다. 반도체 산업을 이해하기 위해서는 먼저 정보를 저장하는 메모리 반도체와 정보를 처리하고 연산할 수 있는 시스템 반도체에 대해서 알아야 한다. D램, SSD, HDD 등은 메모리 반도체이고 CPU, GPU, AP 등은 시스템 반도체이다. 시장 규모 기준으로 보면 시스템 반도체가 전체 반도체 시장의 70%를 차지하고 나머지 30%가 메모리 반도체 시장이다.

메모리 반도체로 대변하는 D램 등은 범용 제품이다. 이미 만

들어진 반도체를 기업들이 필요한 만큼 구매하는 방식이다. 메모리 반도체 기업들의 핵심 경쟁력은 장비와 공정 기술이다. 장비는 대부분 미국, 대만, 일본, 한국 등에서 도입하기 때문에 누구나 자금만 있으면 반도체 공장을 설립할 수 있다. 그러나 공정 기술은 다르다. 수백 개의 공정이 있고 각 공정마다 수많은 연구 인력들이 참여한다. 기술 집약적이면서도 수천 명의 인력이 필요한 노동 집약적 산업이기도 하다. 게다가 크기를 가능한 한 작게 만들어야 하므로 고도의 기술을 필요로 하고, 경쟁사 대비 낮은 원가가 중요한 경쟁력이다.

특히 메모리 반도체 산업은 규모의 경제이면서 원가 비중이 높기 때문에 메모리 반도체 기업들은 수요와 상관없이 생산하게 된다. 따라서 수요가 공급을 넘어서면 반도체 가격은 급등하고, 반대로 경기가 안 좋아지면서 수요가 줄 경우에는 가격이 폭락한다. 이러한 과정에서 과거 메모리 반도체 기업들은 높은 고정 비용을 감당하지 못하고 파산하거나 경쟁사에 매각되는 경우가 많았다. 결국 메모리 반도체 기업들은 주기적으로 찾아오는 불황기에 버틸 수 있는 체력이 있어야 하고, 성능 좋은 반도체를 남보다 싸게 만드는 기술이 중요하다. 그러다 보니 메모리 반도체 기업들은 모든 과정을 직접 진행함으로써 규모의 경제가 중요해진 것이다. 이에 따라 수십 개에 달했던 메모리 반도체 기업들은 대부분 도산했고 현재는 삼성전자, SK하이닉스, 미국의 마이크론 등이 시장의 90% 이상을 점유하고 있다. 이 업체들은 설계부터 생산 판매까지 모든 분야를 자체적으로 해결하는 기업이라는 점

에서 종합 반도체 기업(IDM, Integrated Device Manufacturer)이
라고도 한다.

반면에 시스템 반도체 시장은 다르다. 한 기업이 처음부터 끝
까지 총괄하기 어렵다. 시스템 반도체는 사용처와 기능에 따라
설계와 생산을 고객별로 해야 하고, 사용처에 따라 반도체의 역
할과 기능이 다르기 때문에 종류가 수없이 많다. 필요한 만큼 사
전 주문에 따라 맞춤 제작에 들어가므로 수요와 공급이 어느 정
도 일치한다. 또한 시스템 반도체는 사용처가 너무 다양해서 반
도체의 설계, 제작, 검수 등 각각의 공정이 기업별로 나누어져 있
다. 시스템 반도체를 설계만 하는 기업을 '팹리스Fabless'라고 하
며, 여기에는 애플, 퀄컴, 엔비디아, AMD 등 많은 업체들이 포
진해 있다. 자신들이 직접 사용하거나 고객들이 요구한 사양의
반도체를 설계하고 설계에 따라 제작을 하는 기업을 '파운드리
Foundry'라고 한다. 대표적인 파운드리 기업인 대만의 TSMC가 전
체 시장의 60%를 점하고 있고, 2위인 삼성전자가 12.4%, 미국
의 글로벌파운드리GlobalFoundries와 대만의 UMC 등이 각각 6% 정
도이다.

미일 반도체 분쟁
—

반도체 산업은 미국에서 출발했고, 1970년대까지만 해도 미
국이 세계 시장을 완전히 장악하고 있었다. 그러나 1980년대에

늘어와서 일본 정부가 반도체 기업들에게 막대한 정보 보조금과 연구 개발비를 지원하면서 일본이 반도체 시장의 신흥 강국으로 진입했다. 당시 일본 대표 반도체 기업인 NEC, 도시바, 히타치 등의 시장 점유율이 크게 확대되기 시작했다. 이에 따라 미국과 일본 사이에서 갈등이 시작되었고, 일본 기업에 위기감을 느낀 미국 기업들은 일본 정부의 시장 개입과 일본 기업의 덤핑 혐의로 제소하게 된다. 이에 따라 일본은 반강제적으로 1986년 '미일반도체협정'에 서명하고, 미국 정부가 일본 반도체에 관세를 부과하면서 메모리 반도체 분야에서 강자였던 일본 기업들이 위기를 겪었다.

일본 기업의 상황이 어려워지자 삼성전자에게는 큰 기회로 작용했다. 삼성전자는 1983년 반도체 진출을 선언한 지 불과 10년 후인 1993년 세계 메모리 반도체 점유율 1위를 점한 이후 지금까지 30년 넘게 선두를 지키고 있다. 지난 2011년에는 당시 세계 1위 반도체 업체인 인텔Intel을 제치고 전 세계 반도체 기업 시가 총액 1위에 올라서기도 했다.

중국이 반도체 산업에 적극적인 이유는?
—

중국은 세계 전자 제품의 60% 이상을 공급하고, 세계 반도체 수요의 30%를 사용한다. 이에 따라 반도체 수입이 400조 원을 넘어섰고 전 세계 반도체 수입의 약 35%를 차지하고 있다. 중

국의 입장에서 보면 반도체가 수입 품목 1위이고, 이는 원유보다
도 많다. 전 세계 수출 1위 국가가 반도체 한 품목에서 엄청난 무
역 적자를 내고 있는 것이다. 원유, 철광석 등 지하자원 수입이야
어쩔 수 없지만 반도체는 기술만 있으면 자급이 가능해진다. 그
만큼 수입이 줄어들고, 국가 무역 수지에 크게 기여할 수 있다는
의미이다. 게다가 반도체 산업은 첨단 산업으로 노동력 중심의
여타 제조업 대비 부가 가치가 높고, 자국의 IT 제품들의 경쟁력
을 향상시킬 수 있다. 이 과정에서 임금이 높은 고급 인력에 대한
고용 효과도 매우 크다.

　이에 따라 중국은 오래전부터 반도체 자급을 위해 노력해 오
고 있다. 이미 2017년에 약 200조 원을 투자해서 중국의 자체
반도체 자급률을 70%까지 올리겠다는 '반도체 굴기'를 선언하
기도 했다. 2015년에는 중국 칭화유니그룹^{Tsinghua Unigroup}이 세계
3위 메모리 반도체 기업인 미국의 마이크론을 인수하려 했지만
미국 정부의 기술 유출 문제로 무산되었다. 만약에 당시 중국이
마이크론을 인수했다면 삼성전자와 SK하이닉스 시장 지배력이
유지되지 않았을 가능성이 높다. 중국이 반도체 산업에서도 경
쟁력을 가질 수 있을지 의문을 제기하는 사람들이 적지 않다. 대
규모 자본과 장기간 축적된 기술이 필요하기 때문이다. 그러나
우리나라의 사례와 비교해 보면 불가능한 일은 아니다. 1980년
대 처음으로 삼성이 반도체 시장에 진출할 당시에도 해외 연구
기관에서는 우리나라의 성공 가능성을 매우 낮게 봤다. 반도체
내수 시장이 크지 않고, 기술력과 자금력이 부족하다는 것이 이

유였다.

하지만 같은 잣대로 중국을 바라본다면 이야기가 달라진다. 중국은 이미 세계 최고의 내수 시장을 가지고 있고 정부의 투자 의지가 높다. 기술력 역시 빠르게 향상되고 있다. 한국이 중국보다 상대적으로 강세라고 하는 기술력 역시 전문 인력의 스카우트로 극복하고 있다. 한국이 일본으로부터 반도체 주도권을 가져왔던 시간보다 한국의 반도체 경쟁력이 중국으로 넘어가는 속도가 더 빠를 수 있다. 특히 중국은 다양한 산업에서 세계 최고의 경쟁력을 확보한 경험을 가지고 있다. 경제 개방 초기에는 기술 부족으로 해외 자본과 합작했지만 이후 기술이 쌓이자, 정부의 지원을 등에 업고 자체 생산과 낮은 가격으로 과잉생산하면서 해외 기업들을 도태시키는 순으로 시장을 장악해 왔다. 이러한 과정에서 국내 기업들도 자동차, 스마트폰, 디스플레이, 2차 전지, 태양광 할 것 없이 대부분 중국에서 퇴출되었다. 어쩌면 마지막으로 남아 있는 것이 반도체이고, 이대로 간다면 결국 중국이 글로벌 반도체 시장을 장악하는 것도 어려운 일이 아니다. 그나마 미중 무역 분쟁으로 우리의 반도체 경쟁력이 중국으로 넘어가는 것이 상당 부분 지연되었다고 할 수 있다.

반도체를 지배해야 세계를 지배한다
—

20세기에는 원유를 지배하는 국가가 세계를 지배했다. 그러나 21세기에는 반도체를 장악해야 세계를 지배할 수 있다. 반도체 전쟁에서 최후의 승자가 앞으로 세계 경제 1위 국가가 될 가능성이 높다. 결국 미국이 중국의 반도체를 막지 못하면 세계 패권은 미국에서 중국으로 넘어갈 수 있다는 말이다. 다시 말하면 중국 입장에서는 반도체 기술을 반드시 확보해야 한다. 그래야 중국이 원하는 세계 중심 국가가 될 수 있다. 미국이든 중국이든 반도체는 절대로 양보할 수 없는 산업이 된 것이다. 이러한 상황에서 미국은 위기 의식을 느끼기 시작했다. 산업의 쌀이라 불리우는 중요한 반도체를 중국에 의존하는 일이 생길 수 있기 때문이다. 이것이 중국의 반도체 굴기 선언 이후 미국이 바로 반도체 제재에 들어간 이유이다.

결국 미국이 과거 일본을 제재했던 것처럼 이제는 중국이 타깃이 되었다. 반도체를 생산할 때 사용되는 미국의 장비나 기술을 수출할 때 미국 정부의 허락을 받아야 한다. 또한 2022년 미국은 반도체 기술, 장비, 소재 생산을 장악하고 있는 일본, 한국, 대만에 '칩4Chip4 동맹'을 제안했다. 이를 통해 반도체 기술이 중국으로 넘어가는 걸 막겠다는 전략이다. 그러나 중국은 일본과는 다르다. 과거에는 미국이 반도체 최대 소비국이었기 때문에 견제가 가능할 수 있었지만 지금은 중국이 세계 최대 소비국이다. 정부 차원에서 규제를 해도 기업들은 자연스럽게 자본이 있는 쪽으로 흐를 수밖에 없다.

한국반도체가 성공한 이유

—

국내 반도체 산업이 수출 1위 산업으로 성장하는 데 초석이 된 인물이 있다. 바로 삼성전자의 이건희 회장이다. 이건희 회장은 인류의 역사를 바꿀 3대 발명품 중 하나로 반도체를 들면서 반도체 산업에 진출하기를 건의했다고 한다. 당시 반도체 산업은 초기 투자 비용만 5~6조 원이 필요했으며, 한 개의 라인을 설치하는 데 1조 원이 필요했다. 계속해서 새로운 반도체를 개발해야 하므로 지속적인 투자가 필요한 산업이기도 했다. 또한 기술 개발이 늦어질 경우 리스크가 아주 큰 사업이었다. 이런 이유로 회사에서 받아들이지 않자 이건희 회장은 1974년 자신의 개인 자산 4억 원으로 한국반도체를 인수했고, 이후 1977년에 삼성그룹으로 인수되어 현재의 삼성반도체가 되었다. 초반에는 자체 기술이 없었던 탓에 반도체 사업부는 계속 적자를 기록했다. 그럼에도 꾸준히 독자 개발을 시작한 6개월 후 1983년 12월에 세계에서 세 번째로 64k DRAM 개발에 성공하면서 지금의 삼성전자가 시작됐다. 결국 삼성의 성공은 산업의 미래에 대한 확신과 함께 리더를 중심으로 하나의 목표를 향한 노력의 결과라고 볼 수 있다.

우리나라 수출 1위 품목

—

중국의 반도체 산업에 대한 적극적인 투자는 과점의 지위를 누리고 있는 나라에게 위협이 될 것이다. 그 나라가 바로 한국이다. 우리나라의 수출 1위 품목은 반도체이며 2022년 기준으로 전체 수출에서 반도체가 차지하는 비중은 19%, 금액으로는 1,290억 달러에 달했다. 이는 2위인 자동차 수출 금액 541억 달러 대비 월등히 큰 규모이다. 또한 삼성전자와 SK하이닉스는 물론 반도체 장비 및 소재 업체 등 반도체 관련 산업 종사자만 수십만 명에 달한다. 우리나라의 반도체 수출은 대부분 중국향이다. 스마트폰을 비롯해 중국의 IT 기업들이 성장할수록 우리나라의 반도체 수출 규모도 자연적으로 커지는 구조이다. 중국의 샤오미, 화웨이 등 대표 IT 업체들이 우리와 경쟁 관계에 있지만 핵심 부품인 반도체는 한국 제품을 주로 사용하고 있기 때문에 중국 IT 업체의 매출이 늘어날수록 우리도 수혜를 보는 측면이 있다.

하지만 중국이 반도체를 만들기 시작하면 이야기는 달라진다. 중국에서 한국 반도체 의존도가 높다는 것은 중국의 반도체 기업이 경쟁력을 확보하기만 하면 한국 기업들이 큰 타격을 입을 수 있음을 시사하기 때문이다. 그동안 중국의 제조업은 10여 년 만에 한국의 주요 제조업을 추격했다. 그나마 한국이 아직 경쟁 우위를 유지하고 있는 분야는 메모리 반도체이다. 중국의 반도체 산업에 대한 적극적인 투자가 이어진다면 향후 반도체 시장에

시 한국과의 경쟁은 불가피할 것이다.

위기라고 말할 수 있을 때가 마지막 기회

—

중국이 새로운 산업에 진입하는 과정을 보면 과잉 생산과 저가 공세로 경쟁사를 도태시키면서 시장을 장악하는 경우가 대부분이었다. 중국이 자체적으로 반도체를 생산할 경우 과잉 공급을 통한 치킨 게임으로 글로벌 반도체 가격을 크게 하락시킬 가능성이 높다. 한국 입장에서 중국과의 경쟁 양상은 과거 일본과는 비교할 수 없을 만큼 치열할 것이다. 더욱 무서운 것은 치킨 게임에서 패배한 기업이 다시 예전의 지위를 찾아오는 것은 사실상 불가능하다는 점이다. 삼성전자와 하이닉스 관련 인력만 해도 30만 명 수준에 달하고, 관련 기업도 수백여 개에 달한다. 반도체 장비 등 하청 업체 인력과 간접적인 영향권의 인력까지 포함할 경우 반도체 관련 인력은 백만 명이 넘을 것으로 추산된다. 단지 반도체 산업의 문제가 아니라 한국 경제 전반의 위기로 이어질 수 있음을 인지해야 한다.

위기는 위기 전에 준비해야 한다. 풍부한 자금과 시장을 가지고 있는 거대 중국을 이길 수 있는 방법은 기술 격차를 벌리는 것뿐이다. 미국의 제재가 영원히 우리의 반도체를 지켜 줄 수 없다. 경쟁사가 도저히 따라올 수 없을 정도의 원가 경쟁력을 갖추어 신규 진입을 어렵게 해야 한다. 무엇보다 기술 인력들의 유출

을 막아야 한다. 지난 1980년대 반도체 불황기에 일본이 투자를
줄였을 때 그 공백을 삼성이 채우면서 시장이 변했던 것처럼 중
국이 투자를 준비하고 있는 현재 시점에 우리는 더욱더 선제적인
투자를 해야 한다. 장기적인 그림으로 유능한 기술 인력에 대한
글로벌 수준의 대우도 시급하다. 기업이 중국 정부를 상대로 장
기적인 싸움을 할 수 없다. 정부가 나서서 국내 최고의 산업을 보
호해야 하는 이유이다.

빠르게 변화하는 제조업

몇 년 전 자동차 엔진의 주요 부품을 생산하는 중견기업의 임원을 만난 적이 있다. 당시 필자는 전기차 시장에 어떤 대책을 가지고 있냐고 질문했는데, 그는 앞으로 20년 안에는 전기차가 주력이 될 수 없기 때문에 크게 우려하지 않는다고 답했다. 전기차는 가격 경쟁력이 없고, 전기차 충전 및 생산 인프라를 단기간에 구축하기 어렵다는 이야기였다. 여기에 2차 전지의 핵심 부품인 리튬 등 소재 가격 급등과 제한적인 매장량으로 2차 전지의 수급이 쉽지 않고, 전기료 인상 등을 고려하면 전기차에 대한 기대감은 과도하다는 것이었다. 당시 엔진 부품을 다루는 회사의 임원은 투자자 앞에서 그렇게 답변할 수밖에 없는 상황이었을지 모른다. 그러나 우리는 변화하는 시장을 간과하고 적절하게 대응하지 못해 사라진 기업들을 알고 있다. 패러다임이 급변하는 시기에 과거를 버리고 과감한 혁신을 하지 않으면 새로운 시대에는 도태될 가능성이 높아진다. 도전을 위해 버릴 게 많은 기업일수록 혁신하기 어렵다. 그래서인지 역사적으로 보면 패러다임이 변할 때 기업들이 망하기도 하고, 새로운 기업들이 탄생하기도 하는 것을 볼 수 있다.

최근 자동차 분야만큼 크게 변하고 있는 산업은 없는 듯하다. 100여 년 넘게 발전해 온 내연 자동차 시대가 점차 사라지고, 전기차 시대로 빠르게 이동하고 있다. 이에 따른 큰 변화가 진행 중에 있다. 세계 자동차 시장에서 존재감이 없었던 중국이 전기차를 기반으로 중요한 플레이어로 성장하고 있다. 전기차에 대한 준비가 되어 있지 않은 기존 자동차 기업들은 어려워질 것이 뻔하다. 이미 세계 전기차 판매는 빠르게 증가하고 있다. 2019년까지만 해도 전체 시장에서 전기차 비중은 2%대에 불과했다. 그러나 4년 후인 2023년에는 18%로 확대되었고, 판매된 전기차는 1,400만 대까지 확대되었다. 월스트리트저널에 따르면 2023년 세계 전기차 시장에서 중국의 점유율은 60%를 넘어섰다. 다르게 말하면 중국 전기차가 팔린 만큼 기존 내연 자동차 시장은 줄어든 것이다.

특히 전기차는 내연 자동차 대비 성능 면에서 크게 차별화하기 어렵고, 관련 부품이 30% 수준에 불과하다. 또한 각종 부품을 모듈화할 수 있기 때문에 생산 인력도 크게 감소할 수 있다는 점에서 향후 전기차 시장이 가격 경쟁으로 치달을 가능성이 높다. 이럴 경우 가격 경쟁력이 높은 중국 전기차의 세계 점유율은 더욱 확대될 것이고, 전통적인 자동차 기업들은 물론, 관련 부품 업체들까지 수많은 기업들이 도태될 수 있다.

대세에 맞서지 말 것

—

전기차 도입이 빨라지는 가장 큰 이유는 온실가스를 줄여 지구 온난화를 막고, 유한한 화석 연료 사용을 줄임으로써 자연을 보호하기 위함이다. 예측 기관별 차이는 있지만 골드만삭스의 전망에 따르면 2030년에는 세계 전기차 비중이 33%에 달할 것으로 보고 있다. 특히 EU는 2030년에는 전기차 비중이 72%, 미국과 중국은 각각 50%, 43%에 달할 것으로 보고 있다. 여기에 2040년이 되면 미국과 중국은 각각 85%, 68%, 전기차 후진국인 일본도 80%, 자동차 시장이 크게 확대되고 있는 인도도 55%에 달할 것으로 보고 있다.

이처럼 전망하는 근거는 주요 국가들의 전기차 정책과 환경 규제가 강화되고 있으며, 전기차 판매의 걸림돌이었던 가격 하락이 빠르게 진행되고 있기 때문이다. 또한 소비자들의 인식 변화도 큰 이유이다. 그중에서도 가장 큰 이유는 주요 국가들의 자동차 정책이다. 주요 국가에서 자동차 환경 기준이 크게 강화되면서 기존 내연 차량으로는 연비 개선과 배기가스 규제를 맞추기가 어려워지고 있으며, 일부 국가에서는 법적으로 내연 차량 판매 중단을 발표하고 있다. EU와 영국은 2035년부터 내연 기관 자동차 판매가 금지된다. 중국은 2019년부터 전기차 의무 판매제를 도입했으며, 이를 충족하지 못할 경우 판매 중단과 벌금이 부과된다. 결론적으로 내연 자동차는 어느 순간부터 생산을 멈출 것이고 세계의 모든 자동차가 전기차로 전환될 가능성이 커지고 있다. 다만 시간 문제일 뿐이다.

기회인가 위기인가

—

새로운 전기차 시장의 확대를 감지하고 누구보다 빨리 준비한 기업에게는 큰 기회로 작용할 것이다. 그중에서도 가장 큰 기회는 2차 전지 기업이다. 내연 자동차에서는 필요 없었던 2차 전지는 전기차에서 가장 큰 원가를 차지한다. 결국 전기차 시장 확대는 2차 전지 시장 확대로 이해해도 무방하다. 2015년까지는 2차 전지 수요의 59%가 스마트폰 등 IT향이었으나 2030년에는 자동차용 2차 전지가 전체 수요의 80% 수준에 달할 것으로 예상되고 있다. 전기차가 늘고 있고, 1회 충전으로 이동 거리를 늘리기 위해서는 배터리 효율성 향상과 함께 배터리 용량이 확대되어야 하기 때문이다. 우리 기업들은 선제적인 투자를 통해 2차 전지 분야에서 글로벌 경쟁력을 확보하고 있다. 국내 상위 그룹사들은 모두 2차 전지 사업을 하고 있다. 삼성SDI, LG에너지솔루션, SK이노베이션, 롯데머트리얼즈, 포스코홀딩스, 에코프로 그룹 등 대부분 기업 가치가 전기차 확대와 함께 큰 폭으로 상승한 기업들이다.

제조업의 끝장판

—

우리나라 경제는 제조업을 기반으로 하여 수출로 일어섰다고 볼 수 있다. 제조업의 끝장판은 자동차 산업이다. 자동차를 생산하기 위해서는 앞서 철강, 석유 화학, 반도체, IT, 타이어, 중화학 등 모든 제조업이 선제적으로 기술을 확보해야 한다. 아무나 하고 싶다고 할 수 없다는 말이다. 자동차를 만들 수 있다는 것 자체만으로도 그 나라의 산업화가 어느 정도 갖추어져 있음을 의미한다. 특히 우리나라 수출 1위가 반도체로 알려져 있으나 실질적으로 들어가 보면 자동차이다. 수출 순위를 보면 반도체 수출이 1위이지만 수출 2위인 자동차와 4위인 자동차 부품, 여기에 타이어와 2차 전지 수출을 포함할 경우 자동차 관련 수출이 가장 많다. 앞에서 언급했듯이 자동차는 다른 산업에 미치는 영향이 크기 때문에 실질적으로 국가 경제에 미치는 영향은 다른 어떤 산업보다 크다. 그만큼 자동차 산업은 대한민국 국가 경제에 중요한 위치에 있다. 이러한 자동차 산업의 변화에서 우리가 전기차 시장에서도 잘할 수 있을까 의문이 있을 수 있다. 결론적으로 말하면 과거 내연 자동차 시대보다도 전기차 시장에서 더 좋은 성적을 낼 수 있을 것으로 판단한다.

우리가 전기차 전환에 빠르게 대처한 것도 있지만 전기차의 40%를 점하고 있는 2차 전지 경쟁력은 세계 최고 수준이며, 자율 주행 등 반도체의 중요성이 확대되고 있는 상황에서 반도체 역시 높은 수준의 경쟁력을 갖고 있다. 세계적으로 반도체와 2차 전지를 동시에 갖추고 있는 국가는 우리나라가 유일하다. 특히 증권 거래소에 상장되어 있는 시가 총액 상위 기업들을 보면 우리나라가 얼마나 전기차에 집중하고 있는지 알 수 있다. 전기차의 핵심 부품으로 부각되고 있는 반도체 기업인 삼성전자와 SK하이닉스가 시가 총액 순위 1위와 2위를 점하고 있고, 2차 전지 기업인 LG에너지솔루션과 포스코홀딩스 그리고 현대차가 모두 10위권에 들어가 있다. 대한민국은 전기차 국가라고 해도 틀린 말이 아니다. 자동차 산업의 경쟁력이 우리의 미래를 책임질 수 있다는 이야기이다.

한국은 내연 자동차 시장에서 세계 6위였다. 그러나 최근 전기차 시장이 확대되면서 5위로 상승했다. 세계 주요 국가들의 자동차에 우리의 2차 전지가 탑재되고 있고, 반도체, 디스플레이 IT 부품까지 포함할 경우 우리나라의 자동차 글로벌 지배력은 더욱 커질 것이다. 100여 년이 넘은 자동차 시장의 빠른 재편이 새로운 기회로 다가오고 있다. 그러나 무역 분쟁으로 국가 차원의 경쟁이 더욱 치열해지고 자국 우선주의가 강화되는 만큼 수출 주도국인 우리에게도 새로운 당면 과제가 놓여 있다. 이러한 상황에서 기업과 정부가 어떤 준비를 하느냐에 따라 우리나라의 미래가 정해질 것이다. 자동차는 자동차로 끝나지 않는다. 수많은 관련 산업과 수많은 근로자들을 넘어 국가의 운명도 같이할 수 있다는 점을 잊어서는 안 된다.

자동차 산업의 역사를 바꾼 리더들

—

역사적으로 자동차의 생산과 대중화에 크게 기여한 인물은 헨리 포드Henry Ford이다. 자동차가 처음으로 등장한 1885년, 모든 작업이 수공업으로 진행되다 보니 가격이 비싸고 제작 시간도 오래 걸렸다. 자동차는 아무나 보유할 수 있는 것이 아니었다. 그러나 1913년 헨리 포드가 제작 과정의 분업화와 함께 생산 공정에 컨베이어 벨트 시스템을 도입하면서 자동차의 대량 생산이 시작되었다. 컨베이어 벨트를 이용 이후 생산 과정이 조직적으로 움직이면서 제한된 노동 시간에 생산성을 높이기 위한 노력이 시작된 것이다. 1914년에는 '일급 5달러, 1일 8시간 노동'이라는 정책을 발표했고 이러한 혁신은 100년이 지난 지금도 이어져 오고 있다. 그의 자동차 생산 철학은 단순했다. 생산성을 높여서 제한된 시간에 더 많이 생산하고, 가격을 더욱 낮추어서 더 많이 판매한다는 것이었다. 이러한 노력으로 특권층이 아닌 일반인들도 자동차를 보유할 수 있게 되면서 보급율이 크게 증가했다.

이후 자동차 산업에서 또 한 번의 혁신을 이룬 사람은 일론 머스크이다. 지금은 대부분의 자동차 기업들이 전기차 기업으로의 변신과 보다 나은 자율 주행을 시현하기 위해 노력하고 있다. 일론 머스크는 2003년 설립한 테슬라를 통해 전기차와 자율 주행이라는 새로운 변화를 대중화하는 데 성공했고, 테슬라를 불과 20년 만에 세계 1위의 자동차 기업으로 성장시켰다. 결국 그의 성공은 혁신적인 비전과 차별화된 전략으로 남이 시도하지 않은 분야에 가장 먼저 도전한 덕분이었다.

세계 1위부터 3위까지
글로벌 독주 산업

전 세계 1위부터 3위까지 한국 기업이 차지하고 있는 산업이 있다. 바로 조선업이다. 한때는 1위부터 7위까지 차지하며 한국의 수출 1위 품목이기도 했다. LNG선, 초대형 컨테이너선 등 세계적으로 부가 가치가 높은 선박 시장에서 한국의 조선사들이 사실상 독주하고 있다. 이러한 세계적 위상에 비해 국내 조선 산업의 역사는 매우 짧다. 1950년대까지 조선업은 주로 목선 건조였고, 1960년대 중반까지도 매우 낙후했다. 그러나 1966년 대한조선공사가 건조한 화물선이 미국선급협회(ABS, American Bureau of Shipping) 검사에 처음으로 합격한 것이 계기가 되어 1967년 화물을 운반하는 소형 선박 바지선 30척을 베트남에 수출했다. 1968년 현대중공업이 조선업에 뛰어들었을 당시만 해도 우리나라 조선업의 시장 점유율은 1%에도 못 미쳤다. 정주영 전 현대그룹 명예 회장이 거북선 그림이 새겨진 500원짜리 지폐를 들고 런던 금융가에 가서 울산 앞바다에 선박을 건조할 테니 돈을 빌려달라고 했다는 유명한 일화도 이때의 일이다.

한국의 조선 산업은 1970년대 경제 성장과 함께 급성장하기 시작했다. 1973년 현대중공업 울산 조선소를 시작으로 1975년 현대미포조선, 1978년 대한조선공사(현 한화오션)는 옥포에 도크를 완공했으며, 1977년 삼성이 우진조선소를 인수했다. 현대중공업의 유류 등 액체를 운반하는 탱커선Tanker Ship 수주는 한국 조선업 역사에 매우 중요한 이벤트였다. 1973년에 그리스 선주로부터 두 척을 주문받아 건조했으나 기술 부족으로 고전했고, 이때부터 독자적인 설계 기술을 확보하기 위한 노력이 시작되었다. 결국 1983년 벌크선Bulk Carrier의 기본 설계를 개발했으며, 향후 다양한 선박의 독자 설계의 시작과 함께 세계 시장 진입의 초석이 되었다. 그 결과 1988년에는 일본에 이어 세계 2위 강국의 자리에 올랐고, 2003년에는 수주량, 수주 잔량, 건조량 3개 부문 모두 세계 1위의 시장 점유율을 기록했다.

위기를 극복하다
—

조선업이 늘 호황기만 있는 것은 아니었다. 어려운 시기도 있었다. 2015년은 국내 조선 업체들에게 최악의 한 해로 기록된다. 당시 현대중공업, 대우조선해양(현 한화오션), 삼성중공업 등 상위 조선사들의 영업 적자는 수조 원에 달했다. 중소 조선 업체인 STX와 성동SPP조선 등은 채권 관리에 들어갔고, 대형 업체들도 구조 조정이 불가피했다. 대우조선해양은 인력 축소는 물론 자산

매각을 진행했고, 삼성중공업 역시 구조 조정에 들어갔다. 이 과정에서 조선소를 떠난 인력이 수천 명에 달했고 일본으로부터 가져온 시장 점유율 1위 자리 또한 중국에 내주었다. 우리나라의 조선 산업이 급격히 어려워진 데에는 당시 글로벌 경기 둔화도 문제였지만, 보다 구체적인 이유는 해양 플랜트 때문이었다. 해양 플랜트는 바다에서 원유나 천연가스를 발굴하기 위한 대규모 시설로, 2010년 전후만 하더라도 황금 알을 낳는 거위였다. 국제 유가 상승에 힘입어 기존의 상선 수주 부진을 대체할 사업으로 해양 플랜트가 부각됨에 따라 국내 빅 3 조선 업체들의 2010년 해양 플랜트 수주는 100억 달러 수준이었으나, 2011년 2,320억 달러로 확대되었고, 2012년과 2013년에도 각각 2,190억 달러, 1,900억 달러에 달했다.

그러나 이러한 대규모 수주에 따른 문제가 발생하기 시작했다. 상선과 달리 국내 업체들의 건조 경험이 부족했고, 원자재 수입 의존도가 높다 보니 건조 비용이 예상보다 크게 높아진 것이었다. 설계 경험 부족으로 예상치 못한 추가 비용이 발생했고, 엎친 데 덮친 격으로 유가가 하락하면서 바다에서 고비용으로 원유를 채굴하는 해양 플랜트 매력이 크게 반감되었다. 결국 계약 취소와 인도 지연 등의 악재가 겹치면서 수조 원의 천문학적인 손실이 발생했다. 해양 플랜트 관련 리스크는 팬데믹까지 겹치면서 2020년 이후까지도 영향을 주었다. 다행히 지금은 대부분 해결된 상황이지만 2010년대 초반에 경쟁적으로 받아 놓은 대규모 수주를 해결하는 데 10여 년이 소요되었다.

글로벌 공급과 수요의 불일치

—

조선 산업은 경기에 매우 민감하다. 그래서 조선업황 역시 글로벌 경기와 함께 길게는 십여 년에 걸쳐 오르락내리락한다. 조선 산업의 가장 큰 특징은 선박을 설계해서 인도하기까지 최소 2~3년 정도가 소요된다는 점이다. 그렇다 보니 세계 경기가 좋아지면서 선박 수요가 급증해도 선박을 단기간에 공급하기 어렵다. 또한 조선소도 단기간에 설립하기 쉽지 않다. 대규모 시설 투자와 함께 숙련된 노동력이 필요하기 때문이다. 그러다 보니 조선업을 분석하다 보면 항상 공급 부족과 과잉 공급이 반복된다는 것을 알 수 있다. 이러한 산업의 특징이 때에 따라서는 조선업 수익에 도움이 되기도 한다. 세계 경기가 호황기일 때는 선박 수요가 급증하는 반면, 단기에 신규 선박 공급이 어려워지면서 선박 가격 상승과 함께 대규모 수주로 이어진다. 그러나 경기 침체기에는 발주량이 크게 줄면서 조선소들은 물량 확보를 위한 치열한 저가 수주 경쟁을 해야 한다. 이러한 과정에서 물량을 확보하지 못한 조선소는 세상에서 사라지는 경우도 많다. 대규모 시설과 인력 등 높은 고정 비용으로 수주 물량 없이는 버티기 어렵기 때문이다.

조선업의 높은 경기 민감도는 전 세계 최대 조선 생산국을 바꾸기도 했다. 1900년도 이전부터 1960년대까지 전 세계 조선 시장의 50% 이상을 영국 등 유럽 국가들이 장악했다. 이후 일본에게 주도권이 넘어가게 되었는데, 일본은 한국 전쟁 특수를 기회로 1956년 시상 섬유율이 24%로 확대되었으며, 유럽의 구조 조정 시기인 1975년에는 점유율을 50%까지 확대했다. 이후 세계 경기가 팽창기로 들어서면서 대규모 선행 투자를 해 놓았던 일본으로 시장 지배력이 한동안 넘어가게 되었다. 하지만 일본의 전성기도 오래가지 못했다. 1973년과 1979년 두 차례의 석유 파동으로 과잉 공급을 조절한다는 명분하에 설계 인력을 해고하는 실수를 저지른 것이다. 이후 일본은 설계 기술에서의 경쟁력을 잃었고, 단순한 선종에 집중하는 신세로 전락했다. 1990년대 후반 조선 산업이 하향할 것으로 보고 구조 조정을 단행했지만 오히려 조선업은 호황기에 접어들었다. 이 과정에서 과감한 투자로 설비를 확대해 놓은 한국 기업들이 2000년경 세계 조선업의 주도권을 잡게 되었다.

값싼 노동력으로 승부하는 단순 제조업이 아니다
—

한국 조선업이 중대한 기로에 섰다는 이야기가 많이 나온다. 노동력 중심의 조선업 특징상 우리가 일본으로부터 점유율을 가져왔듯이, 국내 산업이 고도화되면서 장기적으로 조선업에서 경쟁력을 유지하기 어렵다는 뜻이다. 결국 풍부한 노동력과 시장 규모가 큰 중국으로 이동하는 게 자연스럽다는 관측이다. 중국은 이미 2000년대 중반부터 우리나라의 강력한 경쟁국으로 부상하고 있다. 중국 조선사들은 정부의 적극적인 지원과 고성장을 기반으로 산업을 크게 확대해 가고 있다. 그러나 필자의 시각은 다르다. 조선업은 과거 단순 제조업에 가까웠으나 최근에 들어서면서 조선업에서 요구하는 기술 수준이 점차 높아지고 있다.

물론 조선 산업은 아직도 값싼 노동력과 정부 지원 등 자본만 있으면 육성이 가능하다. 그러나 유조선 등 단순 선박이 전체 선박의 80% 이상을 차지할 것이라는 전제 조건이 필요하다. 최근 흐름이 빠르게 바뀌고 있다. 선종이 매우 복잡해졌을 뿐만 아니라, 환경 및 안전 규제 강화에 따라 연비 등 친환경 선박의 중요성이 부각되면서 규제에 부합하는 배를 만들 수 있는 기술이 중요해졌다. 가령 상선에 사용되는 벙커유는 가격은 저렴하지만 정제 과정에서 나오는 찌꺼기 기름으로 환경 오염의 원인이 되고 있다. 선박의 대기 오염 배출량은 이산화탄소의 경우 세계 배출량의 2.2% 정도에 불과하지만 질산화물이나 황산화물의 배출은 15%에 달한다.

세계 170여 개국이 가입되어 있는 국제해사기구(IMO, International Maritime Organization)는 최근 2030년까지 선박의 탄소 배출을 2008년 대비 40% 절감하고, 2050년까지 선박의 탄소 배출을 제로까지 달성하겠다고 밝혔다. 또한 EU는 IMO보다 앞선 2021년 7월에 'Fit for 55'를 발표했다. 이는 2030년까지 탄소 배출량을 1990년 대비 55% 줄이겠다는 목표이다. 이러한 환경 관련 선박 규제는 심각한 지구 온난화 문제로 향후 더욱 강화될 것으로 보인다. 선박에서 나오는 탄소 배출을 무조건 줄여야 한다는 말이다. 이는 결국 선박의 구조적인 설계 변화로 이

어실 것이고, 탄소 배출을 줄이기 위해 LNG 운반선뿐만 아니라 LNG 추진 선박 등 친환경 관련 설계 등 기술 경쟁력을 확보하고 있는 국내 업체들에게 유리하게 작용할 것이다.

중국은 낮은 임금과 자국 수요라는 강점을 보유하고 있지만 오히려 이 부분이 부메랑이 되어 돌아오고 있다. 중국의 인건비가 지난 10년 동안 3배 이상 오르는 동안 조선 업체들의 생산성 향상은 이를 따라오지 못하는 실정이다. 결국 배 한 척당 인건비를 따져 보면 한국이나 일본보다 중국 배가 더 비싼 현상이 발생할 수 있다. 무엇보다 중국 자체의 수요만으로는 조선 산업을 유지하기 어렵다. 특히 중국산 중고 선박의 가격이 낮다는 점도 중국 조선사들의 정상적인 수주를 막고 있다. 장기간 R&D를 통해 얻을 수 있는 설계 기술 역시 이에 대한 투자보다는 설계도 구매에 몰입하면서 설계부터 생산까지 수직 계열화를 해야 나올 수 있는 생산성 향상의 기회를 놓치고 있다. 결국 중국 조선사들은 제조 단가의 급등 및 품질 문제를 양산하고 있다.

살아남는 자에게 기회가 온다
—

조선업의 역사가 말해 주는 교훈은 어려운 시기를 잘 넘기면 다가올 호황기에 큰 수혜를 받을 수 있다는 것이다. 세계 조선업의 지배력이 유럽에서 일본을 거쳐 한국으로 넘어온 때는 경제적 위기 시점이었다. 앞으로 경제적 위기는 우리가 예상하지 못한 시

기에 갑자기 또 다가올 것이다. 어려움에 대처하지 못하면 과거의
유럽이나 일본의 전철을 밟을 가능성이 높다. 하지만 조선업의 미
래가 어둡지는 않다. 우리나라는 중국 등의 경쟁을 뿌리치고자 도
전했던 해양 플랜트 사업에서 많은 수업료를 지불했다. 한국은 조
선 산업에 필요한 철강, 화학, 전기, IT 산업에 높은 경쟁력을 확보
하고 있으며, 높은 선박 설계 기술을 갖고 있다. 또한 이미 세계 최
고의 조선소 시설을 보유하고 있고 세계 1위의 경험과 이에 따른
기술력도 충분하다. 이러한 시설과 경험은 우리의 가장 큰 경쟁력
이다.

　더구나 우리나라는 수많은 위기 극복의 경험이 있다. 1997년
외환 위기, 2008년 글로벌 금융 위기, 코로나 19 등 글로벌 위기
에도 불구하고 경쟁력을 놓치지 않았다. 그러나 앞으로 당면 과
제도 많다. 끊임없이 도전하고 있는 중국, 일본 등 해외 기업들과
경쟁, 우리나라의 인구 구조 변화에 따른 노동력 확보 문제, 미
중 패권 싸움에 따른 영향이다. 그러나 지금의 조선업이 과거의
수많은 어려움을 극복하면서 성장해 왔다는 점에서 향후에도 어
려움을 잘 극복할 것으로 기대한다.

불효자에서 효자로

매몰 비용 Sunk Cost이라는 말이 있다. 일단 지출한 이후에는 결코 회수할 수 없는 비용을 말한다. 이를테면 기업이 지출하는 광고비와 연구 개발비 등을 포함해서 해외여행 경비나 극장, 혹은 오케스트라 티켓 가격 등 개인의 일상 속에서도 매몰 비용은 무수히 존재한다. 만약 한 나라의 국가 예산 중 적지 않은 금액이 매몰 비용으로 지출된다면 어떨까? 바로 방위 산업 이야기이다. 방위 산업은 전쟁 등 비상사태의 상황에서 군사적으로 방위하기 위해 대비하는 산업을 통칭한다. 극단적으로 국가 간 충돌이 없다면 전혀 쓰지 않아도 되는 비용이다. 전 세계에서 유일한 분단국가인 우리나라의 경우 타 국가 대비 많은 방위비 지출이 불가피하다. 스톡홀름국제평화문제연구소 Stockholm International Peace Research Institute에 따르면 한국의 군사비 지출은 2022년을 기준으로 464억 달러로 세계 9위 규모다. 국내 총생산 GDP의 2.52%이며 전체 국가 예산의 13%를 차지한다. 1인당 1년에 100여만 원을 지출할 정도로 큰 규모다. 경제학적 관점에서만 보면 방위비는 전쟁이 일어

나지 않을 경우 버려지는 비용으로 인식될 수 있지만 전쟁이 일어
나지 않더라도 방위비 지출은 반드시 필요하다. 중국 고사에 '천
하수안 망전필위天下雖安 忘戰必危'라는 말이 있다. 중국의 병서인 〈사
마법〉에 기록된 말로, 세상이 아무리 평화롭고 살만 하더라도 전
쟁을 잊으면 위태로운 순간이 반드시 찾아온다는 뜻이다. 방위 산
업을 위한 투자는 전쟁을 억제하고 평화를 유지하기 위한 최소한
의 비용이다.

병력에서 첨단 무기로

—

정부의 대규모 방위비 지출을 제외하더라도 국내 방위 산업
의 구조적인 성장세가 예상된다. 이는 군사 무기의 첨단화에 따
른 기술 발전과 고령화가 주요 원인이다. 기술 발전은 전쟁의 양
상을 바꾸어 놓았다. 과거 전쟁은 병력의 물리적 규모가 중요했
다. 병력 간 직접적 충돌로 인한 육지 전쟁이 성패를 갈랐다. 그
러나 기술이 발전한 현대전은 병력의 수보다는 원거리 타격이 가
능한 유도 무기와 드론 등 첨단 무기의 보유 여부가 중요해졌다.
지상전보다 공중전을 장악하는 국가로 전세가 기울기 시작한 것
은 이미 오래전이다. 첨단 무기를 이용한 공중전의 중요성은 걸
프전에서 증명되었다. 당시 미국은 원거리에서 토마호크 미사일
과 전투기로 이라크의 군사 지역을 먼저 타격한 후 지상군을 투
입했다. 전쟁 초반에 적군의 군사력에 타격을 가해 큰 손실 없이

기세를 잡을 수 있었다. 최근 각국 방위 산업의 투자 패러다임 역시 병력보다는 첨단 무기 개발에 집중되는 이유도 여기에 있다.

고령화 추세도 방위 산업의 성장에 일조했다. 출산율 감소와 노령화로 징집 대상 인구가 줄고 있기 때문이다. 한국만 보더라도 20대 남성 인구는 2000년 409만 명 수준에서 2020년에는 356만 명 수준으로 감소했다. 복무 기간도 단축되고 있다. 1990년 육해공군의 현역 복무 기간은 각각 30개월, 32개월, 35개월이었지만 수차례의 복무 기간 단축으로 현재 복무 기간은 각각 18개월, 20개월, 22개월로 줄었다. 징집 대상과 복무 기간 축소 상황에서 첨단 무기 개발은 필수적인 선택이다.

돈이 있어도 사지 못하는 무기

—

여기서 우리가 간과하지 말아야 할 것은 무기 구입을 수입에 의존하고 있다는 점이다. 전 세계적으로 무기 수출 국가는 미국, 유럽 등 일부 선진국에 집중되어 있다. 무기는 국가 방위에 가장 중요한 요소이기 때문에 무기 수출국들도 매우 엄격한 기준을 적용한다. 그래서 수출하는 무기들에는 최첨단 무기가 제외된 경우가 많고, 자국에 위협이 되지 못하는 재래 무기들이 대부분이다. 우리가 수년간 준비해 온 한국형 전투기 개발 사업인 'KF-X'가 미국의 기술 이전 문제로 어려움을 겪는 것도 같은 맥락이다. 이처럼 공급자 우위의 시장에서는 초과 수요 문제와 품질 문

제가 발생하기 마련이다. 국가가 구매 능력이 있다고 해도 원하
는 무기를 충분히 구입하기가 어렵고, 무기 계약 조건이 판매자
에 유리하게 설정되어 있는 경우가 많다. 가령 판매자가 무기 계
약에 있어서 인도 시기와 품질 등을 보증하지 않는 식이다. 이런
이유로 일부 국가들은 무기 국산화를 위한 노력을 하고 있는데
이 역시 만만치가 않다. 무기는 경제적인 타당성보다 전쟁이라는
최악의 상황에서도 일정 수준의 성능이 유지되어야 하기 때문이
다. 성능이 떨어지는 무기의 국산화는 의미가 없다. 또한 방위 산
업 발전을 위해서는 철강, 기계, 항공, 조선, 소재, IT 등 전반적
인 모든 산업에서 선행적으로 경쟁력을 확보해야 하기 때문에 국
가가 원한다고 해서 무기를 국산화하기는 쉽지 않다.

한국의 방위 산업 경쟁력은?

—

우리나라의 방위 산업 역사는 짧지 않다. 1970년대 기초적
인 무기를 모방하여 개발했고, 1980년대에는 이를 개량하면서
기술 개발을 축적했다. 1990년대에는 K2전차, K9자주포 등 자
체 개발에 성공했고, 2008년부터 2010년까지 3년간 1조 원 이
상의 예산을 투입해 유도 무기 개발에 성공했다. 천무, 천궁II,
T-50, FA-50, KF-21 등 첨단 무기들도 개발했다. 이 같은 성과
는 정부의 적극적인 투자와 한화에어로스페이스, LIG넥스원, 현
대로템, 한국항공우주산업 등 국내 방산 업체들의 경쟁력이 향

상된 결과다. 국내 방산 업체는 2004년 86개에서 2023년에는 97개로 확대되었다. 정부로부터 방산 업체로 지정되면 안정적인 사업이 가능하다는 점에서 의미가 있다. 실제로 정부로부터 지정된 방위 업체 중에서 주식 시장에 상장된 업체는 30여 개이다. 미국 군사 시사 주간지인 디펜스 뉴스가 선정한 '2023 세계 100대 방산 기업'에 한화가 26위, 유도, 감시 정찰 등 무기 체계 개발과 지원을 제공하는 LIG넥스원이 52위, 국내 항공 산업을 선도하고 있는 한국항공우주산업이 56위를 기록하면서 우리나라 기업 3개사의 이름이 올라와 있다. 한국의 방위 산업은 성장 가능성이 높을 뿐만 아니라, 다른 나라 대비 꾸준한 투자가 이루어져왔다는 점에서 경쟁력이 있다.

방위 산업이 국가 성장 엔진으로
—

국내 방위 업체들의 성장성은 매우 밝다. 인구 고령화와 첨단 무기 도입 등으로 우리 정부의 국방 예산은 꾸준히 증가할 것으로 전망된다. 더불어 세계 곳곳에서 지정학적 리스크가 확대되면서 주요 국가들의 방위비가 빠르게 증액되고 있음에도 불구하고 프랑스, 독일, 이탈리아 등 기존 방산 선진국들의 경쟁력이 급속도로 낮아졌다. 이에 따라 국내 기업들의 방산 수출은 2020년 50억 달러 수준에서 2021년 73억 달러, 2022년에는 173억 달러를 기록했다. 2013년부터 2017년 대비, 2018년부터 2022년 무기 수출 증가가 74%에 달하면서 성장성에서 세계 1위를 점했다.

우리는 세계 유일의 분단국가라는 점에서 엄청난 규모의 방위비 지출과 첨단 무기 개발에 비용을 사용해 왔으나, 이제는 국가의 성장 엔진으로 작용할 수 있는 기회가 왔다. 무기 수출은 국내 방위 산업의 기반을 더욱 강화하는 효과는 물론, 수입 국가와의 협력 관계 강화 등으로 이어질 수 있다. 경제적, 정치적, 산업적 다양한 측면에서 긍정적인 효과가 발생하는 것이다. 방산 수출은 일반 민간 산업과 달리 수입 상대가 정부이다. 하나의 기업이 정부를 상대로 독자적인 수출 협상을 하기가 쉽지 않다는 점에서 정부 차원의 지원이 필수적이다. 무기는 한번 수출하면 보통 20년 이상 사용되기 때문에 부품 등 관련 수출이 꾸준히 발생하는 이점이 있다. 일시적인 경기 침체에도 크게 영향을 받지 않으며 후발 업체 진입이 매우 어렵다. 방위 산업은 고용 측면에서 노동 집약적이고 첨단 기술 집약적인 특징이 있으며, 이에 따라 질 좋은 일자리 창출 효과가 크다.

새는 돈 막는 것이 우선

—

그럼에도 불구하고 방위 산업은 고질적인 문제를 가지고 있다. 바로 방산 비리 문제이다. 이것을 해결하지 않으면 지속적인 성장이 어렵다. 방위 산업 비리는 해당 산업의 특징에서 비롯한다. 즉 안보상 비밀 계약의 형태를 띨 뿐만 아니라, 건당 수십억

원에서 수백억 원을 넘어서는 전문학적인 거래가 이루어지는 것이 일반적이다. 방위 산업 비리의 형태는 가격 부풀리기, 불량 부품 납품, 편의 제공, 횡령의 형태로 나타난다. 방산 비리가 문제가 되는 것은 대규모 혈세가 낭비되는 1차적인 문제를 넘어 전시에 국가의 존폐에도 영향을 줄 수 있다. 방위 산업의 경쟁력 향상과 건강한 경쟁을 위해서는 방산 비리가 발생할 경우 끝까지 책임을 물어야 하고, 비리 근절을 위한 근본적인 시스템을 반드시 구축해야 한다.

우리나라는 지난 50여 년 동안 정부와 방산 업체들 간의 기술 협력을 통해 수백 종의 무기를 국산화하는 데 성공했으며, 일부는 해외 수출도 성공했다. 방산 사업의 기둥이 될 수 있는 철강, 화학, IT 등의 경쟁력이 이미 세계적인 수준이라는 점에서 방위 산업의 전망은 밝다. 내수 중심에서 탈피해서 본격적인 수출 주력 산업으로 키우기 위해서는 무엇보다 폐쇄적인 구조를 바꾸고 투명한 관리 시스템을 정착해야 함은 물론, 이를 둘러싼 관련 인력들의 전문화와 직업 의식도 확립해야 할 것이다. 또한 방위 산업 업체들의 기술 경쟁력 향상을 위한 정부의 체계적이고 효율적인 지원도 아끼지 말아야 하며, 이를 통해 방위 산업을 국가의 또 다른 성장 엔진으로 성장시켜야 할 것이다.

날개 단 항공업

세계 경제가 저성장의 늪에 빠져 있는 가운데 호황기를 맞이하고 있는 산업이 있다. 바로 항공 산업이다. 중국 등 인구 대국들의 소득 수준이 향상되면서 세계적으로 중산층 인구가 크게 증가했고, 해외여행이 늘면서 신규 공항의 건설 붐이 일고 있다. 하루 만 명 이상이 이용하는 대형 공항 수는 현재 42개인데, 2033년에는 무려 91개로 확대될 것으로 예상된다. 하루 장거리 승객 수역시 80만 명 수준에서 2033년에는 2.2백만 명으로 확대될 전망이다. 항공 산업 확대에 기름을 부은 것은 저가 항공LCC의 출연이다. 우리나라만 해도 대한항공과 아시아나가 독과점했던 시장에 최근 수년간 LCC들이 신규로 진입하면서 국내 항공사 수가 2개에서 공식적으로 11개로 확대되었다. 물론 팬데믹을 겪으면서 경영난으로 현재 운항하는 비행기가 없는 항공사도 있고, 합병하는 과정에 있는 곳도 있기 때문에 항공사 수는 향후 줄어들 수 있다. 그러나 과거 대비 크게 늘어난 신규 항공사들의 시장 진입은 항공권 가격 인하 경쟁으로 이어졌고, 그만큼 해외여행 확대에 기여하고 있다. LCC들은 아직 단거리 시장에 주력하고 있지만 향후 대형 항공기를 도입해 장거리 시장에도 진입할 것으로 보인다. 이러한 현상은 국내뿐 아니라 세계적인 흐름이며, 항공사들의 신규 항공기 도입 경쟁은 항공기 제조 업체들에게 과거에 경험하지 못한 호황을 선사하고 있다.

극히 일부 기업이 과점

—

문제는 세계적인 항공기 수요 확대로 인한 수혜가 일부 국가와 기업에 한정되고 있다는 것이다. 어찌 보면 당연한 결과인데 항공기 산업은 신규 플레이어의 진입이 매우 어렵다. 항공기를 제작하려면 고가의 비용이 소요됨은 물론이고 제작 기간도 길다. 최첨단 산업이면서도 자동차처럼 자동화 라인 구축이 어렵고, 숙련된 작업자에 의해 대부분의 공정이 수작업으로 이루어지는 노동 집약적 특성을 갖고 있다. 실제로 전 세계 민항기 시장은 지난 10년간 연평균 12.2%나 성장해 왔는데, 미국의 보잉과 프랑스의 에어버스의 점유율이 각각 43%, 42%에 달한다. 이 두 회사의 성장을 부채질한 주역들도 LCC였다. LCC들의 부상에 힘입어 보잉사의 B737과 에어버스의 A320 등 중소형 주력 기종이 높은 성장을 보인 것이다. 두 회사의 중소형 기종의 수주 잔고는 LCC가 본격화되기 시작한 2011년 이후 연평균 19.6%의 고성장을 보이고 있으며, 전체 수주 잔고의 80%가 중소형 기종에 집중되어 있다. 2023년 기준 보잉의 수주 잔고는 5,626대, 에어버스의 수주 잔고는 8,598대였으며, 이들의 2023년 인도량은 각각 528대, 735대로 전년 대비 각각 10.0%, 11.2% 증가했다. 업체들의 실적이 호조를 보이는 이유가 여기에 있다.

　항공 산업은 여행이나 화물 수송 수단 이외에도 국가 안보에 매우 중요한 방위 산업의 성격을 지닌다. 선진국을 포함한 많은 국가에서 항공기를 제작하고 싶어 하지만 기술력과 막대한 예산 부담으로 실질적으로 자체 제작이 가능한 나라는 극소수에 불과하다. 그래서 자체 제작이 가능한 국가들은 자국 기업이 관련 기술을 타 국가로 이전하는 것을 철저히 관리하고 있다. 글로벌 항공 산업이 새로운 성장기에 진입했음에도 불구하고 아직도 민항기 시장을 보잉과 에어버스가 독과점하는 것도 해당 정부의 강력한 규제 때문이다. 항공 산업이야말로 아무나 할 수 없는 대표적인 산업이다.

부품 업체들도 덩달아 수혜
—

　항공사들의 수주 잔고 증가는 항공기 부품 업체들의 성장으로 이어진다. 항공기 제작에는 자동차보다 수십 배 많은 부품을 필요로 하기 때문에 항공기 제작 회사들은 부품 회사들과 매우 긴밀히 협조하고 있다. 글로벌 주요 부품 업체 중 엔진 개발에는 롤스로이스, GE 등이 대표적이며, 동체 및 날개 제작에는 스

피릿^{SPIRIT}, 트라이엄프^{TRIUMPH}가, 항법 장치 제작사로는 조디악 ^{ZODIAC}이 유명하다. 이들 부품 업체들의 수주 잔고도 크게 증가한 상태이다. 완제기 업체들의 풍부한 수주 잔고를 고려할 경우 향후 부품사들의 실적은 지속적으로 증가할 것으로 보인다. 이미 언급한 대로 항공기 산업, 특히 부품 제작의 경우 품질 규정이 매우 까다롭고 요구되는 기술 수준이 높기 때문에 타 산업 대비 진입 장벽이 매우 높다. 결국 한 번 부품을 공급하게 되면 기종이 단종되기 전까지 독점적으로 부품을 공급할 수 있기 때문에 사업 안정성이 매우 높다. 자동차, IT 산업처럼 중간에 하청 업체를 변경하거나 단가를 낮추는 일이 거의 발생하지 않는다.

우리나라의 항공 산업은?

—

그렇다면 우리나라의 항공 산업은 어떨까? 국내 항공 산업은 정부의 주도하에 군용기 중심으로 발전해 왔다. 1970년대 미국 군용 헬기^{500MD}의 조립 면허 생산을 시작했고, 1995년 KT-1 기본 훈련기, 2005년 T-50 고등 훈련기 개발 등 군용기 사업을 진행하면서 항공기 독자 개발 단계까지 도약했다. 국내 첫 군용기 KT-1은 인도네시아, 터키 등으로 수출하는 데 성공했으며, 초음속 고등 훈련기 T-50도 해외 수출에 성공하면서 세계에서 6번째로 초음속 항공기 수출국이 되었다. T-50의 대당 가격이 2,500만 달러에 달한다는 점을 고려하면 승용차 1,000대를 수출하는 것과 비슷한 효과이다. 최근에는 한국형 기동 헬기^{KUH-1 수리온} 양산 사업을 진행하고 있다. 또한 KT-1과 T-50, KUH 등의 해외 마케팅 활동을 통해 수출 확대를 전개하고 있으며, 항공 정비 MRO(Maintenance, Repair, Overhaul) 사업도 진행 중이다.

KT-1부터 수리온 헬기까지 제작한 국내 군용기 대표 기업은 바로 한국항공우주산업이다. 한국항공우주산업은 완제기 제작 업체로는 이미 국내에서 독점적인 위치에 있다. 앞으로도 국가 차원에서 장기적으로 항공 산업에 대한 경쟁력을 꾸준히 향상시켜야 하기 때문에 수혜가 예상된다. 또한 초대형 국책 사업인 한국형 전투기^{KF-21} 사업을 주도적으로 진행하고 있다. 이미 지난 2021년에 KF-21보라매 1호기를 출고했고, 2023년에는 4호기까지 시험 비행에 성공했다. 한국항공우주산업은 2028년까지 40대를 공군에 인도할 예정이다. 이처럼 국내 군용기 산업은 경쟁력이 향상되고 있는 반면에 민항기 시장에서의 경쟁력은 낮은 상황이다. 하지만 이런 현실에서도 보잉과 에어버스의 부품 공급 및 차세대 민항기 공동 개발 사업에 참여하는 국내 기업이 있다. 코스닥에 상장되어 있는 아스트이다. 아스트는 항공기 동체 관련 부품 업체로, B737 기종에 부품을 공급하고 있다.

도약을 위해서 항공 산업 경쟁력 확보가 필수
—

우리나라가 선진국으로의 한 단계 더 도약하기 위해서는 항공 산업에서의 경쟁력 확보가 필수적이다. 항공 산업은 경량 소재, 전자 제어, 인공 지능 등 다양한 첨단 기술의 발전뿐만 아니라 고임금 근로자의 고용 효과가 높은 선진국형 산업이기 때문이다. 초기 기술 개발 기간이 길고 대규모 투자가 선행되어야 하는 항공 산업의 특성상 정부의 장기적이고 적극적인 투자가 필요하다. 한국의 대표 산업인 자동차, 조선, IT 산업도 출발 시점은 선진국에 비해 늦었지만 지금은 세계에서 의미 있는 점유율을 확보하고 있다. 이제는 한국의 새로운 성장 동력에 항공 산업이 힘을 보탤 때이다.

글로벌 경기 지표를
알 수 있는 해운업

해운업은 선박으로 사람이나 화물을 고객이 원하는 장소까지 운송해 주는 산업이다. 항공 산업이 발전하면서 항공 화물이 증가하고는 있지만 아직도 석탄, 철광석, 원유 등 필수 원자재와 곡물, 자동차 등 대부분의 교역은 선박으로 이루어지고 있다. 따라서 해운업을 자세히 들여다보면 세계 경기 흐름에 대한 힌트를 얻을 수 있다. 가령 경기가 활황일 경우 글로벌 생산 및 소비 증가로 원자재와 소비재의 물동량이 증가하고, 이는 해운 운임 상승으로 이어진다. 해운 운임이 상승할 경우 해운 업체들은 추가 선박 구입을 자극해 조선 산업의 수혜로 이어진다. 그래서 조선업 투자에 있어서 해운 운임은 전통적으로 매우 중요한 지표로 작용한다.

해운업의 매출은 해운 운임이며, 비용은 선박의 감가상각비와 선장, 선원의 인건비 등 대부분이 고정비이다. 즉 일정 수준의 해운 운임과 물동량이 넘어갈 경우 모두 이익으로 인식한다. 해운 운임이 오르고 물동량이 만석에 가까울수록 이익이 확대된다. 해운 운임과 물동량은 같은 맥락에서 봐야 한다. 물동량 Quantity이 늘어나야 해운 운임Price도 올라가기 때문이다. 하지만 해운 운임이 하락하고 물동량이 줄어들어도 해운 업체들은 쉽게 노선을 정리하기 어렵다. 언제 다시 해운 시황이 좋아질지 예상하기 어렵거니와, 노선을 철수할 경우 다시 시장에 진입하기도 만만치 않기 때문이다. 그래서 해운 업황이 부진해도 해운 업체들은 단기적인 대처가 어렵다. 업황 부진이 장기화될 경우 파산하거나 자본력 있는 기업에 팔리는 경우도 많다.

해상 운임의 종류
―

해운 운임과 관련된 지표는 지역, 노선, 선박 크기, 선박 종류에 따라 매우 다양하다. 해운업을 이해하기 위해 수많은 운임 지표를 다 체크하기는 어렵지만 대부분의 해운 운임들이 글로벌 경기에 영향을 받고 있다는 점에서 어느 정도 비슷한 추세를 가지고 있다. 따라서 대표적인 해운 운임 지표인 BDI^Baltic Dry Index와 SCFI^Shanghai Containerized Freight Index만 알아도 해운업을 이해하는 데 큰 어려움은 없다. BDI는 발틱 운임 지수라고 하며 석유, 석탄, 철광, 곡물 등 원자재를 운반하는 벌크선 운임 지표를 말한다. 컨테이너 운임 지수는 SCFI(상하이 컨테이너 운임 지수)와 CCFI(차이나 컨테이너 운임 지수)가 대표적인데, 주로 SCFI를 이용한다.

BDI는 벌크선의 크기와 항로 등에 따라 BCI^Baltic Cape Index,

BPI^{Baltic Panamax Index}, BSI^{Baltic Supramax Index}, BHSI^{Baltic Handy Size Index} 등 4개의 지수로 구분할 수 있다. 특히 BCI는 석탄과 철광석을 운송하는 18만 톤급 이상의 대형 선박에 사용된다. 대형 선박이 다 보니 수에즈 운하를 이용하지 못하고 주로 극동아시아와 유럽 간 항로를 이용한다. 남아공 케이프 타운으로 돌아가기 때문에 '케이프'라는 명칭이 붙었다. 또한 BPI는 6~8만 톤급의 선박으로 파나마 운하를 지나는 선박의 운임이며, BSI는 4~6만톤의 선박 운임이다. 마지막으로 BHSI는 2~3만 톤급의 소형 선박 운임 지수를 말한다. BDI는 중국의 영향을 가장 많이 받는다. 어느 국가보다도 가장 활발하게 수출입이 이루어지고 바닷길을 가장 많이 이용하는 국가이기 때문이다. 또한 중국 수출 및 수입 경기가 세계 경기와 밀접한 관계를 보이고 있다는 점에서 중국의 무역 규모 및 상황에 따라 글로벌 해운 운임이 영향을 받고 있다. 컨테이너 운임 지수 중에서 SCFI를 대표 컨테이너 운임 지수로 보고 있는 이유 역시 중국이 세계 수출입에 가장 큰 영향을 미치기 때문이다. 즉 중국에서의 운임이 글로벌 운임을 결정한다고 봐도 무방하다.

　BDI는 글로벌 경기에 민감하기 때문에 어떤 금융 상품 못지않게 변동성이 심하다. 실제로 2000년 초 1,000~2,000포인트에서 움직였으나, 중국이 고성장하던 2008년 5월에는 10,000포인트를 넘어서기도 했다. BDI 급등이 의미하는 바는 비용은 크게 증가하지 않는 상황에서 매출이 크게 늘었다는 뜻이다. 이 시기에는 해운 업체들의 실적과 주가가 큰 폭으로 상승하기 마련이다. 그러나 2008년 글로벌 금융 이후에는 BDI가 폭락에 가까운 하락을 보였다. 2008년 5월 20일 11,793포인트로 고점을 보인 이후 불과 6개월 만에 663포인트까지 급락했다. 이후 BDI가 반등을 했으나 2016년 초에는 다시 200대 수준으로 급락했다. 최근에도 이러한 급등락을 반복하고 있다. 지난 2023년 12월에도 3,300포인트까지 상승하다가 불과 두 달 후인 2024년 2월 초에는 1,300포인트 수준까지 하락했다. 그리고 3월에는 다시 2,300 포인트 수준까지 급상승했다. 업계에서는 BDI가 최소 1,000포인트는 넘어야 손실이 발생하지 않는 것으로 알려져 있다.

당연한 이야기이지만 BDI의 급등락은 중국과 연관되어 있다. BDI는 벌크선 운임 지수이기 때문에 철광석 유통과 관계가 깊다. 2004년까지만 해도 중국은 철광석을 수출했으며, 철강 강대국인 한국과 일본이 주로 수입했다. 그러나 2004년 중국이 철광석 수출을 금지하면서 아시아 내에서 철광석 수출과 수입의 균형이 깨졌다. 결국 한국과 일본은 가까운 중국에서 수입하던 철광석을 브라질과 호주로 변경할 수밖에 없었다. 철광석 수요가 증가한 것은 아니지만 수입하기 위한 시간이 오래 걸리면서 선박 수요가 단기간에 증가했다. 선박은 조선사에 발주해서 인도되기까지 2~3년이 걸린다. 이 공백 기간에 선박 공급이 적시에 이루어지지 못해 BDI 지수가 급등하게 된 것이다. 2007년부터는 중국이 오히려 철광석을 수입하기 시작하면서 BDI 지수가 2008년 7,256포인트로 상승했다. 그러나 2008년 리만 사태로 2009년 연간 평균 BDI가 899포인트까지 하락했다.

물론 BDI 지수의 변동성이 모든 해운 업체에게 직접적인 영향을 주는 것은 아니다. 해운 업체와 고객사 간의 계약 조건, 해운 업체의 자체 선박 비중 등에 따라 민감도가 다르다. 만약 해운 업체가 고객사와 장기 계약을 통해 미리 운임을 확정 지어 놓았다면 BDI가 요동을 쳐도 단기적으로 영향을 받지 않는다. 그뿐만 아니라 해운사의 선박이 자체 선박인가 빌린 용선인가에 따라 수익성이 달라진다. 당연하게도 고객사와 장기 계약을 한 경우에는 용선보다 자체 선박을 투입한다. 자체 선박은 시황에 따라 비용의 변동이 없기 때문이다. 그러나 용선은 시황에 따라 용선료가 변한다. 만일 해운사가 자체 선박을 이용해 고객사와 장기 계약을 할 경우에는 BDI나 용선료 등의 변동에 영향을 거의 받지 않으나, 반대로 시황이 급격히 좋아져도 수혜는 제한적이다.

벌크선의 품목별 비중을 보면 철광석, 석탄, 곡물 그리고 각종 광물 순이다. 글로벌 철광석의 절반 가까이를 중국이 수입하고 있다는 점을 감안하면 중국의 철광석 수입에 따라 BDI가 영향을 크게 받을 수밖에 없다. 중국은 자체 철광석 생산을 줄이고 호주, 브라질로부터의 철광석 수입을 증가시켰다. 이는 중국의 철광석의 순도가 다소 낮기 때문이다. 자동차 등 고품질의 철광석 수요가 증가하면서 자국산보다 수입산 철광석 수입 비중이 증가하게 된 이유이다.

앞에서 설명한 BDI가 벌크선 선박 전체에 대한 운임이라고 하면, 컨테이너선은 컨테이너 박스당 운임을 받는다. 또한 컨테이너선은 벌크선과 다르게 정기 노선에 의해 운행된다는 차이가 있다. 벌크선은 고객이 원하는 시기와 장소에 따라 운행된다. 굳이 비교하면 벌크선은 화물차라 할 수 있고, 컨테이너선은 시내버스에 비유할 수 있다. 그래서 컨테이너선 사업을 하기 위해서는 노선 구축이 필요하다. 예를 들어 LA와 부산을 오가는 컨테이너 노선을 만든다면 컨테이너선 5척 정도가 있으면 매주 한 대씩 보낼 수 있다. 한 업체가 배를 다 사서 운행하기 어렵기 때문에 여러 업체가 제휴를 맺고 운행하기도 한다. 컨테이너선 글로벌 순위를 보면 1위는 스위스에 본사를 두고 있는 MSC(지중해선사), 2위는 덴마크의 Maersk(머스크 라인), 3위는 프랑스의 CMA CGM, 4위는 중국의 COSCO 순이며, 우리나라의 현대상선[HMM]이 8위이다. 컨테이너선 사업에 있어서 노선만큼 중요한 것이 수송률(탑승률)이다. 아무리 컨테이너 운임이 비싸도 텅 빈 선박으로 이동하면 의미가 없기 때문이다. 컨테이너선은 고정비가 높고, 물동량과 관계 없이 운행해야 하기 때문에 운임 상승과 함께 물동량이 많아야 한다.

국내 업체별 상황은?

—

국내 업체들 중에서 벌크선 비중이 높은 업체로는 팬오션, 대한해운, SK해운 등이 있다. 팬오션은 소형 선박이 많아 BHSI의 영향을 많이 받으며, 대한해운은 중형 선박이 많아 BSI에 영향을 받는다. 해운 업체별로 보유 선박 규모와 노선에 따라서 똑같은 투자에도 불구하고 매출이 다를 수 있다. 팬오션은 벌크선 비중이 높음에도 불구하고 BDI에 영향을 크게 받지 않는다. 이는 한국전력 등으로부터 장기 계약을 통해 전용선으로 운영되기 때문이다. 대한해운은 벌크선 비중이 팬오션보다는 낮으나 전용선 비중이 높다. 따라서 BDI가 오를 경우 팬오션이 대한해운보다 수혜이다.

물론 해운 업체들은 상황에 따라 보유 선박의 수와 선박 종류의 포트폴리오를 조정하기 때문에 시간이 지나면 업체별 투자 잣대도 변할 수 있다. 실제로 과거 낮은 상태의 해운 운임이 장기화되면서 국내 최대 해운사인 한진해운이 무너졌고, 해운사들의 선박 수요가 감소하면서 세계 1위 조선사인 현대중공업도 어려움을 겪었다. 해운 업체에 투자하는 입장에서 보면 해운 업체들이 보유한 선박 종류와 운임, 노선 그리고 고객사와의 계약 관계 등을 잘 파악하고 지속적으로 관찰해 나가는 것이 중요하다.

해운업 사이클로 성공한 선박왕

—

오나시스^{Aristotle Onassis}는 극심한 해운업의 변동성을 이용해 큰 성공을 이룬 세계적인 사업가로 유명하다. 그는 1929년에 시작한 대공황으로 세계 경기가 최악이었던 1931년, 캐나다 중고 선박을 헐값에 사들이면서 해운업을 시작했다. 오나시스는 경기가 안 좋은 시기에 선박을 사서 선박 임대로 수익을 내고 이후 경기가 호황기에 접어들면 비싸게 파는 방법으로 돈을 벌었다. 앞에서 설명했지만 해운업은 경기 하강기에는 선박 가격이 고철값에도 미치지 못하고, 경기가 좋을 경우에는 중고선 가격이 새 선박보다 비쌀 수 있다. 이게 가능한 이유는 호경기에 선박이 필요한데 공급이 제때 이루어지지 않기 때문이다. 그는 이런 식으로 돈을 벌어서 20년 동안 유조선 등 100여 대의 선박을 소유할 수 있었다. 그러나 단순히 해운업 시황 변동과 선박 매매로 우연히 성공한 것은 아니다. 그가 크게 성공할 수 있었던 비결은 어떤 일을 실행하기 전에 충분히 준비하고 사전에 연습한 덕분이었다. 또한 오나시스는 현대중공업과도 깊은 관계가 있다. 정주영 전 회장이 현대중공업을 설립하기 위해 영국 은행으로부터 돈을 빌렸다는 이야기는 너무 유명하다. 영국 은행은 돈을 빌려주기 전에 선박 수주를 받아 오라는 조건을 걸었고, 조선소도 없는 현대중공업에 선박 발주를 처음으로 한 사람이 바로 오나시스였다.

GREAT LEADER'S

INSIGHTS

for

STRONG ORGANIZATIONAL

P O W E R

리더들을 위한 통찰

초판 1쇄 인쇄 ㅣ 2024년 12월 18일
초판 1쇄 발행 ㅣ 2024년 12월 25일

지은이 ㅣ 정우철

발행인 ㅣ 정병철
발행처 ㅣ ㈜이든하우스출판
등 록 ㅣ 2021년 5월 7일 제2021-000134호
투 자 ㅣ 김준수
홍 보 ㅣ 장하일
편 집 ㅣ 조예원
디자인 ㅣ 스튜디오41

주 소 ㅣ 서울시 마포구 양화로 133 서교타워 1201호
전 화 ㅣ 02-323-1410
팩 스 ㅣ 02-6499-1411
이메일 ㅣ eden@knomad.co.kr
ISBN ㅣ 979-11-94353-09-6 (03320)

* 값은 뒤표지에 표시되어 있습니다.
* 잘못된 책은 구입하신 서점에서 바꾸어 드립니다.